近代经济生活系列

邮政史话

A Brief History of
Postal Services in China

修晓波 / 著

社会科学文献出版社
SOCIAL SCIENCES ACADEMIC PRESS (CHINA)

图书在版编目（CIP）数据

邮政史话/修晓波著. —北京：社会科学文献出版
社，2011.5
　（中国史话）
　ISBN 978 - 7 - 5097 - 1633 - 5

Ⅰ.①邮… Ⅱ.①修… Ⅲ.①邮政 - 史料 - 中国 -
近代　Ⅳ.①F632.9

中国版本图书馆 CIP 数据核字（2011）第 076001 号

"十二五"国家重点出版规划项目

中国史话·近代经济生活系列

邮政史话

著　　者/修晓波

出 版 人/谢寿光
总 编 辑/邹东涛
出 版 者/社会科学文献出版社
地　　址/北京市西城区北三环中路甲 29 号院 3 号楼华龙大厦
邮政编码/100029

责任部门/人文科学图书事业部　（010）59367215
电子信箱/renwen@ssap.cn
责任编辑/赵晶华　东　玲
责任校对/郭艳萍
责任印制/郭　妍　岳　阳
总 经 销/社会科学文献出版社发行部
　　　　　（010）59367081　59367089
读者服务/读者服务中心（010）59367028

印　　装/北京画中画印刷有限公司
开　　本/889mm×1194mm　1/32　印张/5.5
版　　次/2011 年 5 月第 1 版　　字数/98 千字
印　　次/2011 年 5 月第 1 次印刷
书　　号/ISBN 978 - 7 - 5097 - 1633 - 5
定　　价/15.00 元

总　序

　　中国是一个有着悠久文化历史的古老国度，从传说中的三皇五帝到中华人民共和国的建立，生活在这片土地上的人们从来都没有停止过探寻、创造的脚步。长沙马王堆出土的轻若烟雾、薄如蝉翼的素纱衣向世人昭示着古人在丝绸纺织、制作方面所达到的高度；敦煌莫高窟近五百个洞窟中的两千多尊彩塑雕像和大量的彩绘壁画又向世人显示了古人在雕塑和绘画方面所取得的成绩；还有青铜器、唐三彩、园林建筑、宫殿建筑，以及书法、诗歌、茶道、中医等物质与非物质文化遗产，它们无不向世人展示了中华五千年文化的灿烂与辉煌，展示了中国这一古老国度的魅力与绚烂。这是一份宝贵的遗产，值得我们每一位炎黄子孙珍视。

　　历史不会永远眷顾任何一个民族或一个国家，当世界进入近代之时，曾经一千多年雄踞世界发展高峰的古老中国，从巅峰跌落。1840年鸦片战争的炮声打破了清帝国"天朝上国"的迷梦，从此中国沦为被列强宰割的羔羊。一个个不平等条约的签订，不仅使中国大量的白银外流，更使中国的领土一步步被列强侵占，国库亏空，民不聊生。东方古国曾经拥有的辉煌，也随着西方列强坚船利炮的轰击而烟消云散，中国一步步堕入了半殖民地的深渊。不甘屈服的中国人民也由此开始了救国救民、富国图强的抗争之路。从洋务运动到维新变法，从太平天国到辛亥革命，从五四运动到中国共产党领导的新民主主义革命，中国人民屡败屡战，终于认识到了"只有社会主义才能救中国，只有社会主义才能发展中国"这一道理。中国共产党领导中国人民推倒三座大山，建立了新中国，从此饱受屈辱与蹂躏的中国人民站起来了。古老的中国焕发出新的生机与活力，摆脱了任人宰割与欺侮的历史，屹立于世界民族之林。每一位中华儿女应当了解中华民族数千年的文明史，也应当牢记鸦片战争以来一百多年民族屈辱的历史。

当我们步入全球化大潮的 21 世纪，信息技术革命迅猛发展，地区之间的交流壁垒被互联网之类的新兴交流工具所打破，世界的多元性展示在世人面前。世界上任何一个区域都不可避免地存在着两种以上文化的交汇与碰撞，但不可否认的是，近些年来，随着市场经济的大潮，西方文化扑面而来，有些人唯西方为时尚，把民族的传统丢在一边。大批年轻人甚至比西方人还热衷于圣诞节、情人节与洋快餐，对我国各民族的重大节日以及中国历史的基本知识却茫然无知，这是中华民族实现复兴大业中的重大忧患。

中国之所以为中国，中华民族之所以历数千年而不分离，根基就在于五千年来一脉相传的中华文明。如果丢弃了千百年来一脉相承的文化，任凭外来文化随意浸染，很难设想13亿中国人到哪里去寻找民族向心力和凝聚力。在推进社会主义现代化、实现民族复兴的伟大事业中，大力弘扬优秀的中华民族文化和民族精神，弘扬中华文化的爱国主义传统和民族自尊意识，在建设中国特色社会主义的进程中，构建具有中国特色的文化价值体系，光大中华民族的优秀传统文化是一件任重而道远的事业。

当前，我国进入了经济体制深刻变革、社会结构深刻变动、利益格局深刻调整、思想观念深刻变化的新的历史时期。面对新的历史任务和来自各方的新挑战，全党和全国人民都需要学习和把握社会主义核心价值体系，进一步形成全社会共同的理想信念和道德规范，打牢全党全国各族人民团结奋斗的思想道德基础，形成全民族奋发向上的精神力量，这是我们建设社会主义和谐社会的思想保证。中国社会科学院作为国家社会科学研究的机构，有责任为此作出贡献。我们在编写出版《中华文明史话》与《百年中国史话》的基础上，组织院内外各研究领域的专家，融合近年来的最新研究，编辑出版大型历史知识系列丛书——《中国史话》，其目的就在于为广大人民群众尤其是青少年提供一套较为完整、准确地介绍中国历史和传统文化的普及类系列丛书，从而使生活在信息时代的人们尤其是青少年能够了解自己祖先的历史，在东西南北文化的交流中由知己到知彼，善于取人之长补己之短，在中国与世界各国愈来愈深的文化交融中，保持自己的本色与特色，将中华民族自强不息、厚德载物的精神永远发扬下去。

《中国史话》系列丛书首批计 200 种，每种 10 万字左右，主要从政治、经济、文化、军事、哲学、艺术、科技、饮食、服饰、交通、建筑等各个方面介绍了从古至今数千年来中华文明发展和变迁的历史。这些历史不仅展现了中华五千年文化的辉煌，展现了先民的智慧与创造精神，而且展现了中国人民的不屈与抗争精神。我们衷心地希望这套普及历史知识的丛书对广大人民群众进一步了解中华民族的优秀文化传统，增强民族自尊心和自豪感发挥应有的作用，鼓舞广大人民群众特别是新一代的劳动者和建设者在建设中国特色社会主义的道路上不断阔步前进，为我们祖国美好的未来贡献更大的力量。

陈奎元

2011 年 4 月

⊙修晓波

　　修晓波，历史学博士。1982 年毕业于杭州大学（现为浙江大学）历史系。曾在吉林大学等高校任教，并在中国社会科学院近代史研究所工作。1995 年调入中共中央纪律检查委员会，现为中央巡视组正局级巡视专员。著有《文天祥评传》《色目商人》和《明太祖朱元璋》（合著）等，发表《元史》列传人物订误系列文章和《话说中国古代监察制度》系列文章。参加编写《周易辞典》。

目 录

一　古代邮驿概述

邮政是由国家兴办、利用运输工具传递信息的通信行业，是人类社会从事生产活动和彼此交往不可或缺的基础设施，它联系着整个社会，就像人体中的大动脉一样重要。在我国，邮政事业已随着社会的进步不断发展，在社会主义现代化建设中发挥着越来越重要的作用。

今天的邮政是在近代邮政的基础上发展起来的，近代邮政的源头又可追溯到古代的邮驿。

 古老的传递信息方式

我国通信的历史源远流长。远古时期曾以语言、声光或以物示意的方式传递信息。国家产生以后，有些方法仍被使用。西周时，在都城镐（音 hào，今陕西长安县西北沣河东岸）东部的骊山设有许多烽火台，每座烽火台都间隔一定距离。敌人入侵时，就燃起烽火报警。京城附近的诸侯看到信号，便赶来救援。相传西周末代君主周幽王有个妃子叫褒姒，天生丽质，深受宠爱。可她就是不爱笑。怎么能让她启齿一笑呢？有人给周幽王出了个主意，即下令点燃骊山的烽火。各路诸侯看见紧急信号，纷纷率领大队人马赶到，结果什么敌情也没有。褒姒看到这些人白白跑了一趟，禁不住开口笑了起来，周幽王觉得非常得意。但褒姒这一笑的代价太大了。后来敌人真的入侵时，各路诸侯看见烽火，还以为是幽王在戏弄他们，都没去救援。周幽王抵挡不住敌人的进攻，自己被杀，西周王朝也就灭亡了。这个故事说明了周幽王的昏庸，同时也表明西周是以举烽火的方式进行通信的。

春秋战国时期，一些诸侯国开始构筑长城，并在城上设置烽火台。最初的长城就是由一个个烽火台和孤立的列城组成、联系起来的。秦始皇统一全国后，又动用巨大的人力、物力，连接起各国的长城。秦朝的长城比西周的烽火台规模大，传输的距离远，传递信息的方式也有所不同。西周的烽火台设在京城附近，遇有敌情，举火为号，自上而下把消息由中央发往四面八方；秦朝的长城在北方边境，消息的传递是自下而上，从边防聚向中央。在汉代，从河西四郡（今甘肃武威、张掖、酒泉、敦煌）一直到盐泽（今新疆罗布泊），都筑有烽火台。据说"五里一燧，十里一墩，三十里一堡，百里一城寨"。这些烽火台由专门官吏负责，配置士卒把守。遇有敌情，白天举烟，夜晚放火。另外，还用不同的暗号表示不同的情况。这种行之有效的通信方法一直沿用到明清。例如明朝为防范倭寇入侵，曾在今天的山东烟台市设置著名的狼烟台，烟台市的名字即因此而来。

用烽火传递军情，虽然很快，却无法把中央政府的具体命令传达下去。所以人们在使用这一方法的同时，还利用人力、畜力进行通信。

《左传》记述了这样一个故事：秦国和郑国结盟后，秦派杞子等人带兵驻守郑国。郑国为了表示和好，把郑国国都北门的钥匙交给秦军。哪知杞子向秦密报说，他们已掌握了郑国的北门，建议派兵偷袭郑国。秦国当即发兵。当前往偷袭的秦军走到滑国地方的时候，被郑国商人弦高发现。弦高急中生智，一面假装成郑国派来的使者，送上4张熟牛皮和12头牛，犒劳秦军，暗示郑国已察觉秦兵来袭的计划；一面通过"遽"急速向国内报告。遽是一种驿车，为郑国的通信设施。郑国得到警报，立即严加戒备。秦军见郑国早有防备，偷袭不成，只好停止前进，顺便灭掉滑国返回。这个故事表明郑国的通信设施在当时是很发达的。

 ## 2 邮驿与急递铺

随着古代通信组织的发展，出现了邮驿与急递铺。

邮驿又称邮传。邮字繁体字作"郵"，从邑、从垂（指边境），会意字，表示传递都邑与边陲间文书的驿站。早在春秋战国时，各诸侯国已经有了邮驿，往返传送官府文书。《孟子·公孙丑》中曾引用孔子的话："德之流行速于置邮而传命。"意思是说，道德学说的传播比邮驿传递信息还快。孔子用邮驿作对比，说明当时邮驿已为人们所熟知。

公元前 221 年，秦始皇统一中国，结束了各国邮驿通信分散混乱的局面。他修筑驰道，规范车型，并且开河渠、兴漕运，为邮驿的发展创造了良好的条件。汉代邮驿规模又有所扩大。汉武帝时派张骞出使西域，在击败匈奴后，与西域沟通联系，把邮驿推广到中亚地区。

唐代的邮驿盛极一时，全国设驿 1639 所。遇有紧急公文，通信使者扬鞭催马，朝夕可行三百余里。"一驿过一驿，驿骑如星流。平明发咸阳，暮及陇山头。"唐代诗人岑参的这首诗是对当时邮驿发达的生动写照。唐朝的邮驿除负责通信外，还接待过往的官吏和宾客，为他们提供食宿和车马。梁州的褒城驿（在今陕西省褒城县西南）是从长安经褒斜道（一名斜谷道，秦汉以来往返秦岭南北的主要通道之一）入蜀的必经之路。时人孙樵在《书褒城驿壁》中，有"龙节虎旗，驰驿奔轺"，"一岁宾至者不下数百辈"等句，把使者奔走于途的忙碌景象描绘得活灵活现。褒城驿的建筑十分壮观，楼庭台阁连绵不断，其间还辟有池沼小溪。使者宿驿，既可观赏景色，也可以泛舟垂钓，曾被誉为天下第一驿。

唐代还出现了几件与通信有关的新事物：一是"邸报"，即当时的官方报纸，记录朝中大事，用雕版印刷，直接交邮驿传递到各道州及边镇。二是由于商品经济的发展，产生了"飞钱"。据赵璘《因话录》记载，有一个读书人在外地卖了一块地产，得到数百缗钱，因回家的路途遥远，随身携带不安全，就托人把钱交到当地有关部门，取得收据。回去后凭收据在当地领取钱款。这种用票据代替铜钱周转的"飞钱"，类似现在的汇兑。

元代称邮驿为"站赤"。站赤为蒙古语音译，意为掌管驿站的人，在元代通指驿站。成吉思汗建立蒙古国初期，军事活动远及中亚及欧洲东部。他的儿子窝阔台继位后，为了通达边情，宣布号令，在广大征服地区设立站赤。忽必烈建立元朝后，站赤制度更加完善。当时来华的意大利人马可波罗目睹了站赤的盛况，赞叹不已。后来他在《东方闻见录》（即《马可波罗游记》）中写道："汗八里（即大都，今北京）通往各省的途中，每25里就设有一个站赤。站赤备马200匹至400匹不等。每个站赤都有豪华的住宅，在床铺上陈放着绸缎制成的被褥，供过往使臣使用。还有其他物品，非常齐全。即使国王在这里下榻，也会觉得很舒适。全国的驿马共有30万匹，站赤逾万所。"马可波罗的描写未免有些夸张，但元代站赤规模庞大却是事实。据《永乐大典》所保存的元《经世大典·站赤》记载，元代分布于中书省及各行省的站赤共有1519处。实际上还不止这个数。元人自己说："元有天下，薄海内外，人迹所及，皆置驿传。使驿往来，如行国中"；"适千里者如在户庭，之万里者如出邻家"。这些赞辞不是没有根据的。

急递铺是一种处理紧急文书的机构。它创于北宋初期，原称递铺，驿卒由厢兵充当。宋代的递铺有三种：步递、马递、急脚递。其中急脚递传送公文的速度最快，日行 400 里。后来又出现了金字牌（朱漆木牌上写金字）急脚递，由皇帝御前直接发出，铺兵腰系响铃，手执金字牌，兼程急进，接力传送，规定昼夜飞驰 500 里。宋人形容说，金字牌"光明眩目，过如飞电，望之者无不避路"。绍兴十一年（1141）夏，正当岳飞在抗金前线取得节节胜利之际，宋高宗赵构和秦桧为达到停战求和的目的，竟于一天之内连下 12 道金字牌，传递紧急诏书，迫令岳飞退兵。岳飞悲愤交集，长叹道："十年之力，废于一旦。"岳飞班师后不久，赵构、秦桧就以莫须有的罪名，把他害死于狱中。从此，金字牌便因民族英雄岳飞的故事而闻名于世了。

元代为传达四方文书也设置了急递铺。蒙古国时，宫廷文书由专人驰驿传送。忽必烈建立元朝后规定，除少数需遣专使传递的文书外，大量的文书都归急递铺传送。元代的急递铺在全国普遍设立。每铺置铺丁 5 人，互相传递公文。有些公文注明到铺的日期、传递铺丁的姓名，以备查核。英宗时还设立了邮长制，每 10 铺设 1 邮长，对通信情况进行管理。邮长由州县官吏担任，一年轮换一次。这一制度确保了公文传递的畅通。

但无论是邮驿还是急递铺，都是传递政府公文的机构，不办理民众的通信。普通百姓想要互通音讯，只能遣人远道书书，或托行商携带，非常不便。为了适应民众通信的迫切需要，明朝永乐年间，出现了一种专门为民间传递信件的组织——民信局。民信局开始出现于东南沿海商品经济比较发达的地区，以后逐渐延伸到内地。民信局比较集中的地方是浙江的宁波。同时，随着东南沿海侨居海外人口的日益增多，又出现了专门办理华侨同国内亲属通信与汇兑的侨批局。"批"是福建方言，即"信"。侨批局是民信局向海外发展业务的结果。

我国古代的邮驿曾有过辉煌的历史，但随着最后一个封建王朝——清王朝的日益腐朽，邮驿也面临着前所未有的危机。从清朝中后期开始，由于贪污成风，地方官员克扣驿站经费的事件层出不穷，使驿站难以维持。政治上的腐败直接影响到国家机器的正常运转，反映到邮驿上，就是设备陈旧，驿路梗塞，通信失灵，官府公文甚至紧急军事文书经常被积压、损毁。无可奈何花落去，昔日发达的邮驿已经风光不再了。

到了近代，产生了邮政。近代邮政与古代邮驿有一定的联系，但又是两种不完全相同的概念。

二　近代邮政的产生

鸦片战争以后，西方列强的炮舰打开了中国封闭的大门，古老的中国在痛苦中开始步履艰难地走向世界，使中国社会的各方面都发生了深刻变化。比如，在通信上产生了近代邮政。很快，近代邮政在竞争中挤垮了旧式的邮驿和民信局，成为由国家经办、面向公众的唯一的通信组织。但是，近代邮政是在半殖民地半封建社会的土壤上萌芽并生长起来的。由于西方列强的侵略与掠夺，近代邮政自产生之日起，就是一个畸形儿，并且带有那个时代的浓厚色彩。

 最早出现的邮局——"客邮"

客观地说，我国最早的邮政是西方资本主义列强在侵略过程中强行输入的。

19 世纪初，英国殖民主义者在对华贸易中发现了鸦片这个可以牟取暴利的"特殊商品"，于是便向中国大量倾销。当清朝政府禁止这种贸易时，英国商贩就改为从事鸦片走私。在走私活动中，他们驾驶着便捷的趸船（平底箱形的非自航船。趸音 dǔn），在中国水域内往返运载鸦片。趸船上挂有供英商通信用的小箱，这就是在近代中国最早出现的邮政工具——信箱。1834 年，英国商务监督律劳卑公然在广州他的驻所内开办了一个"英国邮局"，这个邮局直属伦敦英国邮政总局统辖。昏庸的清政府并未意识到这是侵犯中国主权的行为，所以没有出面干涉。

1842 年 4 月 15 日，在鸦片战争尚未结束、香港主权还属于中国的时候，英国侵略军头目璞鼎查就以"香港英国总督"的名义，宣布成立"香港英国邮局"。8 月 29 日，清政府被迫签订了丧权辱国的《南京条约》，把香港割让给英国，并在广州、福州、厦门、宁波、上海等五处港口通商。从此，英国便以香港为基地，开始在通商口岸随意开办英国邮局。他们把邮局设在领事馆内，还任命各商埠的英国领事为邮局的代理人，把邮局称为"领事邮政代办所"，直属于伦敦英国邮政总局，后来又归属香港邮局管辖。

英国殖民者在领事馆内开设邮局是煞费了一番苦心的。按照国际惯例，外交文书可以由专差递送。他们的如意算盘是，以后万一发生争端，可以援引有关条文进行交涉，便于沟通领事馆与外界的联系。但愚昧的清政府并没有提出异议，反而在后来签订的《天津条约》中，允许列强在中国沿海任何地方传送外交公文。这样，就等于承认了英国把邮局设在领事馆的合法性。继英国之后，法国、美国、日本、德国和俄国也先后以"利益均沾"为借口，纷纷在上海设立了各自的邮局。清朝政府哪里敢得罪列强，它不但听任洋人在华滥设邮局，还给这些邮局起了一个挺好听的名字，叫"客邮"。

这些"客邮"主要经营中国和外国之间的邮件互寄业务，实行外国的邮政章程和资费，邮戳上用本国文字刻写中国地名，贴外国邮票，顶多在邮票上加印"中国"字样，并按照他们各自的"国内邮资"收寄"国际邮件"。他们还公开贴出开办中国境内邮件互寄业务的通告，擅自雇人组织邮运。"客邮"来往的邮件都用外国邮袋装运，不受中国海关检查。因此，外国商贩经常以此作掩护，从事鸦片、吗啡等毒品及钟表、珠宝、金银首饰等的贩运走私活动。

随着资本主义列强侵略势力的深入，外国在中国开设的"客邮"也从通商口岸扩展到内地。据不完全统计，到第一次世界大战末期，中国境内的各类"客邮"已达 344 处（表 2 – 1）。

表 2 – 1

单位：处

年代 国别	1870	1897	1906	1913	1918
英 国	2	8	14	14	20
法 国	1	2	14	13	21
美 国	1	1	1	1	4
俄 国	—	5	5	18	119
德 国	—	2	14	12	40
日 本	—	7	17	129	140
总 计	4	25	65	187	344

数字显示，英国、法国、美国开办"客邮"的时间较早，日本、俄国起步较晚，但数量最多。

另一方面，在接触西方文明的过程中，一些谋求国家富强的仁人志士意识到兴办邮政的重要性，并倡导学习这种先进技术。

中国人中，最早提出兴办近代邮政的是洪仁玕。洪仁玕是太平天国领袖洪秀全的族弟，早年即加入拜上帝会。金田起义后，他前往参加，但没有赶上队伍。后来便长期居住香港，接受了西方文明的熏陶。1859年4月，他辗转到达天京（今南京），被洪秀全封为精忠军师、干王，总理太平天国朝政。随后他在刊行的治国大纲——《资政新篇》中，提出了建设邮政通信的具体设想和方案。他主张建立邮亭和书信馆。邮亭由国家经营，"以通朝廷文书"；书信馆由私人集资筹建，每隔20里设立一处，"以通各色家信"。资费根据邮件轻重和路程远近计算。他还提倡用火车运送邮件，因为火车"虽三四千里之遥，亦可朝发夕至"。洪仁玕的方案，已经具备了近代邮政的主要特征，即政策专营，向民众开放，收取邮资。

洪秀全对他的建议十分赞赏，亲批"此策是也"。由于当时正处于战争环境，这些方案未能付诸实践。但洪仁玕的主张却是我国邮政史上具有重要历史意义的事件，他本人也作为第一位倡办近代邮政的中国人而载入史册。

进入19世纪80年代后，国人倡议兴办近代邮政的呼声日益高涨，其中以王韬、郑观应、陈次亮等人为代表。他们认为，兴办邮政可以公私兼顾，有利于沟通中外联系，并可以解决商民通信的困难。他们还提出了具体的建议：改驿为邮，邮驿官员改为邮局的职员；吸收民信局人员，民信局可通过入股的办法参加邮政；邮政局设立后，外国在华邮局应该撤回。陈次亮更是鲜明地提出"西人决不能用，而西法必应仿行"的口号。

旧式邮驿的弊端是明摆着的：尽管清政府每年在邮驿上花费300万两白银，但因管理不善，设备陈旧，邮件在投递中延误、失密等现象还是屡有发生，而且不对民众开放。这种通信方式已无法适应时代的需要，创办新式邮政已成为历史的必然。此外，外国商贩借"客邮"进行走私等违法活动日益猖獗，而列强在华设置"客邮"的借口之一是"中国没有邮政机构"。清朝政府天真地认为成立自己的邮政后，外国"客邮"便会自动撤离。于是，他们下决心开办邮政了。

海关试办邮政

兴办近代邮政是顺应历史潮流的明智之举，但是清政府一开始就把开办权交给了海关，并让外国人染指，结果导致了中国邮政大权被洋人操纵的局面。

事情还得从第二次鸦片战争的失败说起。

1860年，英法联军火烧圆明园，迫使清政府签订了《北京条约》。根据条约规定，清政府设立总理各国事务衙门，办理外交和通商事宜。1861年，英、法、俄、美等国在北京设立了驻华使馆。为方便起见，各国驻华使馆把来往的公文交给总理衙门，再由总理衙门转交中国邮驿代寄。1865年，海关总税务司署由上海迁到北京，结果，海关来往的文件也送交总理衙门代寄。这些邮寄的文件主要发往于北京、上海之间。由于捻军等农民起义队伍的活动，北京至镇江之间不断发生战事，往来信件很不安全，而总理衙门负有"保安照料"各国文书的责任，因此伤透了脑筋。所以，当海关总税务司署移设北京后，总理衙门就想把递送外交文书的工作推给海关。

中国海关当时为英国人赫德所把持。他于1854年来华，随后在英国驻宁波和广州领事馆担任翻译和助理。1859年起参与中国海关工作，1861年担任海关代理总税务司，两年后任总税务司。赫德很早就想插手中国邮政，用他自己的话说，在他刚到北京时，就曾提出过参照西方办法办理邮政的建议，未被采纳。现在机会送上门，他自然就揽了下来。

1866年底，北京、上海和镇江三处海关分别设立了邮务办事处。这样冬季北方港口封冻时，京沪间的文书便可经镇江从陆路运送。

1867年3月，天津海关也成立了邮务办事处。同时，赫德公布了邮件封发时刻表和邮寄资费，但收寄范围仅限于使馆和海关工作人员的公私信函。翌年初，收寄范围又扩大到天津外侨的普通信件。不久，各地海关陆续成立邮务办事处。邮务办事处是近代邮政的雏形，为日后海关试办邮政奠定了基础。

1878 年初，因北洋大臣李鸿章的疏通，总理衙门同意由赫德主持海关试办邮政，并首先在北京、天津、上海、烟台和牛庄（今营口）5 个城市试行。不久，赫德暂时回国，行前指派德璀琳负责此事。3 月 23 日，德璀琳在天津宣布海关书信馆的业务对公众开放。这一天是天津海关书信馆成立的日期，也是海关试办邮政的开端。当时，真正试办邮政的机构是海关邮务办事处，海关书信馆是办事处对外使用的名称。

赫德等人以海关试办邮政，是想夺取中国的邮政大权，但要达到这一目的，关键是收寄华人邮件要达到相当多的数量。海关书信馆成立之初，经营情况并不像筹建者预料的那样顺利。因为刚问世的邮政还没有得到清廷的全面支持，只能在有海关的城市设置，并不普及；而且海关作为新的通信机构，尚未被中国的民众所接受。中国的老百姓早已习惯于向民信局交寄邮件，对邮政还不大信任。所以，书信馆最初收寄的仅仅是使馆的文件和外侨的信件，数量十分有限。

为改变这种局面，德璀琳与赫德策划后，决定采取过渡的办法，即由海关邮务办事处用海关书信馆的名义经营外文信件，同时由海关另行组织一个代理邮务机构，名为"华洋书信馆"，收寄中文信件。华洋书信馆首先在北京、天津、上海、烟台和牛庄设立。根据协议，华洋书信馆在收取中文信件时，可以自定收费标准，创收归该馆所有。收寄信函不用邮票，也不实行预付资制，只是盖上邮戳，由收信人付钱。一开始，华洋书信馆热闹了一阵子，可不久就出现亏损，经营不下去了。

这里面还有一段插曲。

德璀琳在筹办华洋书信馆时，从总税务司署抽调了一个叫吴焕的华人文案（即秘书），负责此事。吴焕曾做过候补知县，有一定的能力。他没有完全按照德璀琳的意图去做，而是有自己的一套打算。他的想法是以上海为中心，以招商入股的办法筹集资金，在全国各大中城市普遍设立华洋书信馆，办理中国境内所有的邮政业务。经营范围包括中外公私文件、信函、包裹、物品以及汇兑等。如果按这个计划发展起来，很可能成为一个全国规模的商办邮政。这就违背了赫德、德璀琳筹建华洋书信馆的初衷，并将对他们谋取中国邮权的计划构成威胁。

吴焕先与天津的大昌商行合伙，在天津、上海等地组成华洋书信馆，然后大肆招收商股。首批招股定为关平银10万两。这时，大昌商行经理刘桂芳担心经营不善，退了出来。可吴焕并没灰心，亲自跑到南京，向南洋大臣沈葆桢游说，劝他在《收送书信招商入股章程》上批文，允许在长江流域各港口普遍设立华洋书信馆。沈葆桢同意后，吴焕又让镇江海关税务司的屠迈伦签发文件，允许他在镇江设馆，并谎称这是赫德与德璀琳的想法，已得到李鸿章的批准。屠迈伦信以为真，未请示赫德，就签发了吴焕拟定的招股章程。镇江海关监督上报后，批转长江流域各海关，同意普遍推行。

赫德闻讯大怒，立即下令把屠迈伦革职。此时华洋书信馆已负债7900两关平银，赫德只令海关解决其中的2000两，其余部分责成吴焕本人负责，并把他开除。

以华洋书信馆争取中国人信函的做法失败后，赫德又命令德璀琳在海关内部另建一个邮政机构。1880年1月，德璀琳建立起一套新的邮政机构，定名为"海关拨驷达局"。拨驷达，为英文post的音译，意为邮局。到1882年底，海关拨驷达局已经能够独立担负通信任务，赫德便下令与各地华洋书信馆割断关系。后来，华洋书信馆经办的中国信件，也逐渐转归海关拨驷达局。

海关拨驷达局是靠服务质量取胜的。1882年11月，海关拨驷达局公布了《海关邮局章程》。其中规定邮局信箱从早7点到晚19点，对所有寄信的中外人士开放。营业时间为11点到17点，后又延长到22点。邮件由海关听差投递或收信人自取，中文邮件也由海关听差投送。章程的公布，扩大了海关邮局的影响，使越来越多的中国人认识到邮政的优点。

海关试办邮政后，做的第一件事就是印制邮票。

邮票起源于英国。据说很久以前，英国有个叫罗兰·希尔的人，一天出去散步，看见邮递员给一个姑娘送信。这个姑娘只看了看信封，就以无钱付费为由拒收。他觉得很奇怪，事后才了解到，这位姑娘与她的男友约好在信封上作记号。姑娘看到记号，就知道了男友的情况，所以不用拆信，也不必花钱。这对邮局当然是个损失。罗兰·希尔决心进行改革。1837 年，罗兰·希尔在《邮政改革——其重要性与现实性》一文中，阐述了实行预付邮资的必要。1840 年，他设计了以维多利亚女王侧面头像为图案、面值一便士、用黑色油墨印刷的标签，5 月 6 日开始发售并使用。这就是世界上第一枚邮票——"黑便士"邮票。从此，邮票逐渐为其他国家所采用。

海关试办邮政前夕，德璀琳曾向赫德建议在中国印制邮票，获得批准。当邮票母模刻好后，赫德又改变了主意，决定从英国订印邮票。可这样做需要很长时间。1878 年春，德璀琳乘赫德回国之机，给上海海关造册处去信，说："我发现，为了避免复杂的操作和账条处理，我们目前最需要的东西是邮票。"他要求赶印面值银为 3 分和 5 分的邮票各 10 万枚。这年 7 月 24日，天津海关收到了上海发来的首批邮票。接着又加印了面值银 1 分的邮票 10 万枚。其中的一部分随即被德璀琳分发给北方各通商口岸的邮局使用。这就是中国的第一套邮票——大龙邮票。

邮票的发行是近代邮政史上的一件大事，它为实行预付邮资制度创造了条件。随着邮政业务的发展，邮票的发行量猛增，各种不同式样的邮票也相继问世：为纪念某个重大事件或某个时代的重要人物发行的纪念邮票、开办航空邮递后发行的航空邮票、表示纳费不足的欠资邮票、把储备邮票更改后加印限于某地区使用的临时邮票等等。

邮票可以赢利，而且是邮政创收的主要来源，因此就出现了以推销邮票为主要目的的邮政机构——商埠邮局。

最早的商埠邮局是 1863 年在上海公共租界设立的，全名为"上海工部局书信馆"。后来，汉口、烟台、重庆、九江、芜湖、镇江、宜昌、威海卫、厦门、福州、南京等地也相继设立了商埠邮局。实际上，这些地方不仅设有海关邮局，而且基本上属于上海工部局书信馆或英国"客邮"的通邮范围。人们不禁要问：这些地方已经有了几家通信机构，为什么还要设置商埠邮局？原来，商埠邮局开设的目的，主要不是为了通信，而是发行邮票牟取暴利。这些邮局的开办者挖空心思，利用集邮者喜欢收集"变体"邮票的猎奇心理，专门印制"改值"、"颠倒"、"重印"等怪异邮票，骗取高价。最典型的例子是芜湖商埠邮局的葛雷森。1894 年 7 月 7 日，他在上海的《字林西报》上刊登了一则通告，说："我，葛雷森，从本月一日起，我委派我自己充当芜湖本地邮局局长，此告。"这个自封的邮局局长，大量印制变体邮票，并因此发了横财。当他玩弄的把戏被戳穿，"芜湖本地邮局"被迫撤销时，他还出了一套加盖"告别"字样的邮票，最后捞上一把。

商埠邮局以邮票骗取钱财的行径，引起了中外集邮者的公愤，他们通过"取缔投机邮票协会"的组织，揭露了商埠邮局的欺骗行为，并要求各地集邮组织不许把商埠邮局发行的邮票列入集邮邮票目录。至此，商埠邮局上演的丑剧才不得不匆匆收场。

3 台湾改驿为邮

在中国邮政史上，刘铭传是一个值得纪念的人物，因为他在台湾开了我国自主兴办邮政的先河。

1885 年 10 月，台湾正式建省，刘铭传为第一任台湾巡抚。他上任后，兴办铁路、煤矿，并于 1888 年 3 月 12 日（光绪十四年正月三十日），在台湾改驿站为邮局，创办了近代国家邮政。

新开办的台湾邮政总局设在台北，以台北原文报局的局址为总站。文报局始设于 1876 年，负责传递各国驻华使节同清政府来往的文书，经费由地方维持。刘铭传废除了台湾的文报局，并且把省内各地驿站改为 52 处邮站，按路程远近分为正站（大邮站）、腰站（中间邮站）和旁站（小邮站）。新开辟的台湾邮路分南北两线，以台北总站为中心，南线到恒春，共 14 个正站；北线经基隆到宜兰，设 3 个正站。邮路干线全长 869 华里，贯穿所有的正站和腰站，另设支线通往旁站。邮政总局还规定了各站邮差出发和到达指定点的时间，要求他们每小时走 19 华里，每日 6 小时走 114 华里。为与大陆加强联系，刘铭传还建起了海上邮路，购买了两艘轮船作为邮船，命名为"南通"号和"飞捷"号，按期行驶于台湾至上海、福州之间。原来驿站的头目、站书、兵丁改编为邮政工作人员。

在刘铭传的主持下，台湾邮政总局还公布了《台湾邮政章程》，其中规定无论公私信件均须粘贴邮票，并相应地发行了两种邮票。一种专供官府公文使用，标有"台湾邮票"字样，记重量不计邮费，由邮政总局编列字号，按月报销；另一种专供私人使用，标有"邮政商票"字样，记重量也计邮费。两种邮票都有发送时间的空格，供发件时填写，不盖邮戳，并且都有"存根"。每百张订成一册，全册用完，将存根上缴总局。可见手续严密，制度完备。

1889 年，台湾又印制了一种有面值的邮票，上半部分是龙，代表中国；下半部分是马，代表邮递。由于种种原因，这种邮票并没有交付使用，但也没有白印。美国人马士在《中华帝国对外关系史》一书中写道：这种邮票在照章缴付另加的费用后，"被用作台湾铁路上的火车票"。这也算是一则趣闻。

台湾邮政在创办之初，邮权就掌握在中国人自己的手中，这在当时的历史条件下是十分难能可贵的。不幸的是 6 年之后，中国在甲午战争中战败，台湾被割让给日本，邮政主权也落入东洋人之手。但无论如何，台湾办邮政走出了一条中国自主创业的道路，也为改驿归邮积累了成功的经验。刘铭传为兴办中国邮政做出了不可磨灭的贡献。

 大清邮政从开张到统一经营

海关试办邮政后，又经历了 18 个春秋，到 1896 年才由光绪皇帝批准，正式开办国家邮政，即大清邮政。这期间，赫德为了谋取中国的邮政大权，一直在积极活动。这里要提到一位在中国海关税务总局供职的英国人葛显礼，他是赫德夺取中国邮权的得力助手。

1885年，由葛显礼主持，翻译了香港邮政条规123条。当时，葛显礼手下有个文案叫李圭，此人还兼任浙江宁绍台道薛福成的洋务委员。李圭把译稿抄送给他一份。薛福成是个改良派，对西方的邮政很感兴趣，因此便向葛显礼征询开办邮政的意见，葛显礼乘机提出自己的主张。

葛显礼的主要观点是：中国听任外国设置"客邮"，有失大国体面；中国若能自办邮政，通知香港英国当局，英国在华"客邮"便可自动撤退；英国一旦撤邮，其他国家的邮政就会自行关闭；如果中国办邮政，必须委托各国都信服的部门创办，而各国最信服的部门只有海关。海关本身也具有办邮政的两大优势：一是海关人员通晓各国语言，便于开展业务；二是可以利用海关现有的一班人马和设备，不需另筹经费。

薛福成把这些意见呈报给清政府，很快得到清廷一些实权派官员的支持。于是，清政府征求赫德的意见，问是否可由海关正式开办邮政。赫德的态度当然是肯定的。事后，他在给葛显礼的一封信中露骨地说：他几年来试办邮政，就是为了"保存着火苗，不使熄灭"，最终争取由他开办中国国家邮政。

但赫德久居中国，深知不能轻易触动封建官僚的私利。当时各地新官上任，首先打听邮驿的经费有多少，经费越多越高兴，因为邮驿经费已成为各级官吏中饱私囊的对象之一。为减少阻力，赫德竭力声明开办国家邮政不必裁撤邮驿。他还表示，一不向清政府要人，二不向清政府要钱，但却坚持一条，海关正式办邮政必须由清朝皇帝"降旨"批准。他深知这一点比什么都重要。清廷一些要员如北洋大臣李鸿章、南洋大臣张之洞等也纷纷奏请开办国家邮政。于是，总理衙门根据赫德所拟邮政章程，奏请光绪皇帝批准。1896 年 3 月 20 日（光绪二十二年二月七日），光绪帝批了"依议"二字。从此，"大清邮政"正式开张，并委任海关总税务司赫德为总邮政司。赫德闻讯后，竟掩饰不住内心的激动，当即电告前任英国驻华公使欧格讷："奉旨由我开办邮政，尚未接到公文。三十年的旧话，二十年的经验，最后终于成功了。"

大清邮政开办之初，全国通信机构处于十分混乱的局面，有外国在华设立的"客邮"、古老的邮驿和官办的文报局，还有经营情况不错的民信局等，真是五花八门。这些通信机构都自成系统，对国家邮政的发展以及巩固赫德在大清邮政中的统治地位十分不利。换句话说，大清邮政自成立之日起，就面临着"客邮"、邮驿和民信局三个竞争对手的挑战。对此，大清邮政分别采取了不同的策略。

先说对付"客邮"。本来，清政府幻想开办国家邮政后，外国"客邮"就会自行撤退，赫德等人也是这么鼓吹的。然而事实却相反，大清邮政成立后，"客邮"不但没有撤离，反而日趋增多。因为中国没有加入万国邮联，中国收寄国际信件，都要贴上外国邮票交给该国的"客邮"居间中转。外国"客邮"以此为借口继续赖在中国不撤。1900年，赫德同法国签订了互相交换邮件的章程，规定通过"客邮"交换邮件，双方承认对方的邮票有效。以后又同其他国家签订了类似的协议。这样做，实际上等于承认了"客邮"的合法地位。结果，"客邮"更加活跃，不仅办理外侨在中国国内的邮件业务，还公然办理中国商民的国内邮件互寄业务。甚至运送邮件时，不按规定送中国海关检查，走私漏税，破坏了大清邮政国内业务的专营权，影响了中国海关的收入。

直到这时，清政府和赫德才不得不采取一些应对措施，如在邮政亏损的情况下，把国内平信资费大幅度下调。外埠平信收费由4分降为1分，本市平信由4分降为半分。这样不仅可以和民信局竞争，对"客邮"争夺中国国内邮件业务也是一个回击。后来又规定"客邮"收寄中国境内邮件的资费，不得低于中国邮局所定的国内邮资，防止"客邮"压价竞争。清政府外务部（1901年总理衙门改称外务部）要求有关国家的"客邮"收寄应纳税的物品时，必须向中国海关纳税。各国因找不出反对的理由，只好同意。

中国传统的邮驿臃肿腐败，清政府每年用在邮驿上的经费多被各级官吏贪污，流入私囊。新式邮政出现后，本应裁撤邮驿，但这关系到大小官吏的实际利益，阻力很大。随着邮政业务的发展，邮驿无论传递信息还是接待过往官吏，其重要性都日渐消失。内河航运的开辟，特别是主要铁路干线修通后，邮驿只能在西北、西南等交通落后的地区发挥作用。因此，清政府内部不断有人呼吁改驿归邮。辛亥革命后，北洋政府宣布废除邮驿制，原来为清廷驻外使节传递公文的文报局，也一同裁掉。

对大清邮政来说，最主要的竞争对手还是民信局。民信局历史悠久，业务种类广泛，经营方式灵活，深得中国商民信赖。大清邮政开办之初，全国已有几千家民信局，业务兴旺。大清邮政首先运用行政手段，企图压垮民信局，主要做法是：

第一，切断通商口岸民信局与轮船的联系。大清邮政与外商轮船公司达成协议，规定在中国沿海和内河航行的轮船只能带运大清邮政的邮件，不许带运民信局的邮件，从而取得了轮船运邮的垄断权。

第二，登记制度。要民信局到邮政部门登记挂号，领取营业执照，挂了号的民信局可以把信件封装成一个大包交给大清邮政带运，每磅收费 1 角。可到 1897 年底，向大清邮政挂号的民信局才 300 多家。

第三，加价。1899 年公布《大清邮政民局章程》，规定从 1900 年起，民信局交寄的总包寄费由每磅 1 角涨到 6 角 4 分。

民信局对这些规定进行了抵制，尤其是对加价，认为这是"明准开设，暗实加价逼闭"，并且停班罢业，纷起申诉。这场斗争持续了两年之久，赫德不得不收回成命，规定民信局的总包寄费减为每磅 3 角，以后每年递加 1 角，至每磅 9 角时为限。民信局仍不肯接受，有的甚至将邮件改交"客邮"带运。最后，赫德被迫让步，将民信局总包寄费全部豁免。

这说明，单纯依靠行政措施是无法挤垮民信局的。在事实面前，大清邮政终于认识到，只有吸取民信局的长处，利用资本主义的竞争手段，在发展业务上做文章，才有可能击败民信局。

因此，从 1902 年起，大清邮政大幅度降低平信资费。这样虽然暂时遭受亏损，但大清邮政有海关做后盾，财力雄厚，而且减费的损失，可用邮件增长来弥补。实行的结果，大清邮政经办的邮件成倍增长，1902 年收寄信函 2000 万件，1903 年为 4200 万件，1904 年上升到 6600 万件。

大清邮政还在报刊运寄业务上逐项与民信局竞争。20 世纪初，中国大中城市民办报刊有 200 多种。这些报刊原来都由民信局运输。大清邮政同这些报刊门市部订立了优惠协议，从收寄、运输、投递等方面，尽量提供便利。1903 年，再次与铁路当局拟定章程，要求"铁路只允中国邮政官局运送邮件"，民信局邮件"概不准运送"，违者罚款。这样就把报纸的运寄业务从民信局手中夺了回来。

1905 年秋，大清邮政开办快递信函业务，组织专班投递，并推迟截止封班时间，凡是当晚 9 点以前的快信，一律当夜投寄。本市的快信一般都能当日递达，从上海到汉口也只要 4 至 5 天。此外，还开办了号信业务，专门揽收银行、钱庄和商行信件，特别注意拉拢票号的邮件。民信局本是以揽收票号邮件起家的，大清邮政采取釜底抽薪的手段，是对民信局的沉重打击。

大清邮政在服务方面也注意改进。在局所设置上更加广泛，把邮局逐渐延伸到内地和农村，在城市内也多设局所、代办所、信柜。同时增加每天开取邮筒和投递的班次。原来邮局一般每日开筒、投递 4 次，为了和民信局竞争，大清邮政要求无限制地增多每日班次，如南京、北京曾增至 8 次，上海增至 10 次，天津最多，竟增至 12 次。

大清邮政采用资本主义的经营方式与管理体制，开展多种形式的邮递业务，收效显著。到辛亥革命前夕，各类邮政局所达到 6201 所，邮路总长 381000 里，邮件 1 亿件以上，经办汇兑近 600 万元，收寄包裹 1000 多万公斤。而组织松散的民信局无法与其竞争，终于败下阵来。它们除了依赖邮局或冒险私运的邮件外，只有改业或倒闭了。大清邮政作为国家经办的新式通信机构，在与上述对手的较量过程中，逐渐走向统一经营，并不断发展起来。

 ## 帝国主义对中国邮政的控制

对于中国邮政，英、法、美、俄、德、日等国都想染指。1896 年 3 月大清邮政成立，总理衙门正式委任英国人赫德为总邮政司，标志着英国人在这场角逐中捷足先得。其他国家当然不肯袖手旁观，其中法国的反应最为强烈。法国参议院与外交部叫嚷说："要注意使法国人取得公平的份额。"5月19日，法国驻华公使施阿兰照会清朝政府："将来中国邮政陆续推广……其法国人员亦应公平令其同办。"总理衙门当即表示同意。不料这一下可惹恼了赫德，他连忙呈报总理衙门："唯邮政之举实属创始，暂时只用海关人员兼理其事，既无须另派洋员，自可不必专请法人前来。"充分暴露了他们争夺中国邮政的丑恶面目。

1898年4月9日，法国驻华公使吕班再次照会总理衙门，提出"中国国家将来设立总理邮政局专派大臣之时，拟聘请外员相助，所请外国官员，声明愿照法国国家请嘱之意酌办。本大臣应请贵大臣照复，以便查阅彼此心意相同，用来往照会作据为要"。这个要求说白了，就是只要将来中国派大臣主管邮政，就得请法国人来同办。清总理衙门几乎没有认真考虑，第二天就答复说："可允照办，嗣后中法两国自当益敦友睦，永弭争端，相应照复贵大臣转报贵国国家可也。"同意了法国的要求。

清廷作出这个许诺后，法国政府就一再进行纠缠，说中国已设有邮政总局，应该履行诺言，让法国人参与进去。清政府推脱说："查中国邮政事宜，现仍归海关办理，与前无异。"法国政府步步紧逼，说中国邮政目前虽仍归海关办理，将来不能不脱离海关而独立，现在邮政已遍及各省，所以应该按"所许之词"办理，并推荐法国人帛黎掌管中国邮政。帛黎在华30多年，通晓汉语，熟知中国风土人情，又担任多年税务部门的官职，是个典型的中国通。但清政府外务部仍然以中国尚未派大臣专管邮政为理由，进行敷衍。最后不得已把矛盾推给赫德。赫德无奈，只好于 1901 年 10 月委派帛黎为邮政总办。

1906 年 8 月，清廷出国考察政治的大臣戴鸿慈等人建议仿照日本，成立邮传部。11 月 6 日，获得批准。张百熙为邮传部首任尚书，也就是后来所说的部长。当时的邮传部只是个空架子，直到 1907 年 8 月，才确定了编制，在邮传部下设邮政总局，主管邮政信件、汇兑、包裹、邮票款式以及与万国邮联联系等事宜。按照规定，原归海关总税务司署主管的邮政应移交邮传部接管。但这个进程十分缓慢。1908 年，赫德返回英国。1909 年春，邮传部和海关总税务司署商谈接管之事。代理税务司英国人裴式楷提出两个先决条件，即"现有邮员如何看待"和"邮政欠款如何归还"的问题，有意拖延。他还提出，接管后邮政总办的职权不能变动。这样，第一次接管海关邮政没能谈成。这年底，邮传部左侍郎汪大燮再次和总税务司署洽商，并表示可以继续留任法国人帛黎为邮政总办，所有邮政人员都归他管辖。也就是说，把邮政管理权从英国人的总税务司手中移交到法国人的邮政总办手中。不久，代理总税务司英国人安格联向清政府提出，邮政仍应由海关办理，拒绝移交给邮传部。他打出赫德的招牌。总税务司赫德在英国听到邮传部要接管邮政的消息后，曾致电前代理总税务司裴式楷，说"所拟接管邮政，查看国内及国际情势，窃揣均未免太早。若果照办，恐不但与邮务推广及各国承认诸端无益，尤恐增加政府难处，且或招致他国要索酬补"。安格联据此极力主张中国的邮政不必与海关分离，更不必移交邮传部。

1910 年，邮传部尚书盛宣怀亲自出马，与安格联协商。双方在讨价还价之后，拟定了一个"移交邮政事宜要义"。主要内容有：

（1）帛黎继续担任邮政总办一职，他在邮传部的指导下主持管理邮政事务；

（2）邮传部接管邮政后，所有邮政事务都由邮政总局局长负责，但在管理各局及任用人员时，总局局长应与邮政总办斟酌后执行；

（3）在华的外籍邮政人员仍然留用，他们的薪水、升迁、请假、养老等待遇，与海关代办邮政时相同；

（4）海关历年拨垫资助邮政的经费，由邮传部归还。

可见，邮传部接管海关邮政后，邮政的一切事宜都与过去一样，只不过是去掉了一个由总税务司兼管的英国人，换成了一个专任邮政总办的法国人。

清政府本想在接管邮政后，增加一笔收入，却不料反而背上了海关代办邮政 45 年来用在邮政上的欠款。这笔欠款共计关平银 172 万余两。除此之外，盛宣怀另向海关借款 11 万多两。两项总计上报欠款 184 万多两。议定分 5 年还清，年息 4 厘。实际上，这笔欠款直到 1925 年 12 月 30 日才全部还清。

在作出许多让步后，邮传部于 1911 年 5 月 28 日接管了海关邮政。第一任邮传部邮政总局局长由李鸿章的儿子李经芳兼任。但他只是挂个牌子，邮政实权操纵在邮政总办帛黎手中。邮传部接管邮政并未改变帝国主义控制中国邮政的局面。

法国人帛黎自 1911 年被委任为邮传部邮政总办后，洋文职务仍沿用 Post Master General，因为这个头衔在国外相当于部长级，可以炫耀他的身份。1915 年 5 月，帛黎因病回国，交通部（成立于 1912 年）改派法国人铁士兰接替帛黎的职务。1917 年 8 月，交通部特将他的洋文职务改为 Co-Director General，意即"邮政会办"或"邮政总局副局长"，希图以此制约他。但铁士兰仍以"邮政总办"自居，并在《邮政通谕》中强行写下"邮政总办有最后决定之权"。而在业务上，依然大权独揽。

在邮政内部，重要职务基本上被洋人把持。1926 年一份材料表明，不但职员中有许多外籍人，而且邮务长及副邮务长也多由洋人担任（表 2 - 2）。

表 2 - 2

国籍	人数	其中邮务长副邮务长人数	国籍	人数	其中邮务长副邮务长人数
英 国	44	27	瑞 典	3	1
法 国	26	7	丹 麦	3	—
日 本	12	—	比利时	3	—
意大利	7	5	葡萄牙	3	
美 国	5	2	西班牙	1	
俄 国	5	—	捷 克	1	
挪 威	5	2	瑞 士	1	

在邮政职员中，洋人的总数为 119 人，其中邮务长、副邮务长共 44 人。在邮务长的位置上，虽然也有中国人，但人数很少，而且待遇也不一样。中国邮务长的工资比外籍副邮务长还低。外籍邮务长、副邮务长除薪金外，还有交际费，而且他们的厨师、保姆甚至花匠的费用也由公款支付。

三 中华邮政时期的
收回邮权运动

辛亥革命后，大清邮政更名为中华邮政，但帝国主义控制中国邮政的局面并没有改变。中华邮政成立后，中国政府排除干扰，加入了万国邮联；同时，邮工运动风起云涌，中国人民为收回邮权展开了英勇的斗争，并取得了一定的胜利。

"临时中立"的丑剧

1911 年，孙中山领导的辛亥革命推翻了腐朽的清王朝，创立了中华民国。"大清邮政"的招牌换成了"中华邮政"。但是，中国的邮政大权依然握在法国人帛黎手中。

帝国主义对辛亥革命的态度是敌视的。当时，邮政当局每年都要出版一本《邮政事务总论》。清朝时书名前冠有"大清邮政"的"帽子"，民国时则在书前加上"中华邮政"字样，但唯独 1911 年特殊，书名叫做《中华邮政前清宣统三年事务总论》。既称"中华邮政"，又有"前清"，而且用宣统纪年，真是不伦不类。书中写道："瘟疫、特大洪水、饥馑和内战（指辛亥革命），这是本年度这个国家所发生的一系列灾难。邮政业务蒙受了这些灾难，并产生了严重的后果。本年度开始，华北首先遇到了瘟疫的袭击。毁灭性的洪水伴随着饥馑和热病接踵而来。这些灾难的影响还没有消除，四川省又出现了铁路国有问题的风潮。一两个星期以后，在那多事的1911年10月10日，革命的旗帜在武昌树立起来，内战爆发了"。"许多地区都陷入了无政府状态和暴动骚乱，抢劫和掠夺，盗贼和土匪到处横行，更加重了邮政的困难。联合政府在某些地方尚未成立，国家的权力暂时分裂，结果引起了要改变邮局现有组织、控制邮政的企图，如计划印制新邮票，要求财务上的救济，脱离北京邮政的领导以及强制执行邮件检查。不过，邮政仍然固守了阵地"。把瘟疫、洪水、饥馑同辛亥革命相提并论，还有暴动、骚乱、抢劫、掠夺、盗贼、土匪等字眼，充分暴露了作者仇恨中国革命的心态。

武昌起义胜利后，革命形势迅猛发展，帝国主义列强没敢直接出面干涉中国革命。在这种情况下，邮政总办帛黎玩起了"临时中立"的把戏。他授意在15种清朝蟠龙邮票上加盖"临时中立"四个字，故意在革命党控制下的福州作为试验发售的地点，试探革命党人的反应。这种邮票刚一出售，南京临时政府外交部和交通部就电令帛黎停止发售。帛黎置之不理。

1912年2月24日，南京临时政府交通部致电北京的袁世凯，指出："清帝逊位后，前清邮票理应取消，但民国纪念邮票虽已由本部赶印，然出版尚需时日。为权宜计，只可将前清邮票加印'中华民国'四字，一律通行，以应目下邮件之用。请就近令帛黎总办通电各省邮务总办速即照行。"袁世凯将此事交帛黎办理。狡猾的帛黎玩了一个花招，竟在已盖有"临时中立"的邮票上补盖"中华民国"字样，结果就变成了"中华民国临时中立"。这是帛黎有意向中华民国临时政府的挑衅。而且，他把这种邮票选择在临时政府控制下的重要城市汉口、南京和长沙三地出售。

孙中山得知这一情况后，非常气愤，直接致电袁世凯，提出严正抗议："邮政总办帛黎，前于邮票上盖印'临时中立'字样，经外交部、交通部令其抹去此四字，加印'中华民国'字样于上。惟伊现在仍不将'临时中立'四字抹去，遂成'中华民国临时中立'八字，实属有碍国体。闻已颁发数省，应请即令帛黎转电各处，必须无'临时中立'字样方许发行。"由于孙中山先生直接过问此事，这种怪票才停止发售。不过，加盖"临时中立"的邮票已在福州出售了3分、1元、2元、5元四种，合计邮银1908元；欠资邮票半分、4分、5分、1角、2角、3角六种，合计邮银32元；加盖"中华民国临时中立"的怪票，计有1分、3分、7分、1角6分、5角、1元、2元、5元八种，总计邮银819.37元。数量虽不算多，却在社会上造成恶劣影响。

值得一提的是，南京临时政府成立初期，孙中山先生在百忙中，已经考虑废除代表清王朝的大龙邮票。他亲自主持召开了专门会议，派人到邮局进行调查，并决定印制新式邮票。但由于种种原因，孙中山先生的设想当时未能实现。

 ## 中国加入万国邮联

万国邮联是个国际性的邮政组织。1874 年 9 月 15 日，22 个国家的邮政代表在瑞士首都伯尔尼召开会议，会后签署了邮政总公约，宣布成立"邮政总联盟"。后来又改称为"万国邮政联盟"。万国邮联成立后，在促进各国间的邮政通信联系方面，发挥着越来越重要的作用。这个组织本身也发展很快，在 20 年间，已有 60 多个国家参加了万国邮联。

早在 1878 年，万国邮联在法国巴黎召开第二次大会时，法国政府曾经向中国发出邀请，但当时清政府尚不了解国际邮政通信事业的重要性，控制中国海关的赫德便以此为借口给回绝了。若干年后，赫德在给海关税务司葛显礼的信中承认："不久以前，中国还被邀参加万国邮政联盟。我发表意见说……加入联盟的时机还不成熟，只好拒绝了邀请。"

清政府批准开办国家邮政时，帝国主义列强在中国开设的"客邮"已经泛滥。因为没有加入万国邮联，我国与其他国家进行国际间通信，都要由这些国家在中国的"客邮"转递。这也成了"客邮"不肯撤离的一个借口。于是，清朝政府便想通过加入万国邮联的方式，达到取缔"客邮"的目的。1896 年 3 月 20 日，总理衙门在议办邮政的奏折中指出："应备照会寄由出使大臣，转交该国（指瑞士）执政大臣为入会之据。自可援万国通例，转告各国将在华所设信局一律撤回……中国既经入会开局，各国当无从借口。"同年 6 月 27 日，清政府照会瑞士政府，表明了参加万国邮联的愿望。

但赫德极力反对。他通过海关驻伦敦办事处税务司金登干，向瑞士邮政总署表示："查外国在中国设立信局（指'客邮'），虽于理未能允协，而于事实有用处，现时在所必需，碍难撤退。"同时，英国等帝国主义国家向清政府施压加力，不肯撤回"客邮"。结果，1897 年，万国邮联在华盛顿召开第五次大会，中国代表伍廷芳在会上作了一个中国暂不入会的宣言，违心地说各国"客邮""与诸君最有关系，为别国所专设，递外国来往书信……非特不令撤去，（中国）且愿助其办理。盖撤去此等信局时尚未至，深恐与官局有碍也"。这样，清政府自己就声明把参加万国邮联与取缔"客邮"两件事区别开来了。

英国在阻挠中国加入万国邮联的问题上最起劲，他们除了不想在中国撤回"客邮"外，还有就是在攫取中国邮权的争斗中与法国存在着尖锐的矛盾。法国在中国加入万国邮联的问题上是持支持态度的。法国政府这样做是想换取它插足中国邮权的资本。这一点，英国人看得很清楚。1903 年 4 月 23 日，赫德在写给清政府的一封信中露骨地说："中国入会有何益耶？且会中各国必谓中国邮务尚非国家特立之署，不过附入海关内之一举，必须特立专署，方宜入会。但一经分出专办，则应另筹经费，且须照前数年之议，归他人管理。"由于英法两国在争夺中国邮权上的矛盾，推迟了中国加入万国邮联的进程。

1905 年 7 月，万国邮联第六次大会在罗马举行，意大利政府邀请中国参加。清政府只派出驻意公使黄浩为观会大臣列席会议。

1908 年，赫德离开中国回国。经过一番争夺，法国人帛黎控制了中国的邮政大权。1914 年 3 月，中国政府正式提出加入万国邮联，并决定参加预定这年 9 月 10 日在西班牙首都马德里举行的万国邮联大会。在代表人选问题上，帛黎极力把法国人艾司达安插进中国代表团。他威胁说："在中国一面如不竭力与法国联络，岂不有负法国邮政敦睦之情？一经失此机会，则章程签订以后，客局宁复有能议之日？"但时隔不久，第一次世界大战爆发，中国邮政代表团未能成行。

尽管如此，人们仍然把 1914 年 3 月 1 日作为中国加入万国邮联的日子。这年 9 月，中国开始实行万国邮联公约，并签订了加入国际邮政互换包裹公约；1918 年 11 月，加入国际互换保险信函及箱匣协约；1920 年 4 月 24 日，又加入国际邮政汇兑协约。

中国邮政开始和国际惯例"接轨"。

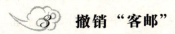

撤销"客邮"

五四爱国运动促进了我国收回邮权的进程。1920

年 10 月，第七届万国邮联大会在西班牙首都马德里召开。中国派出了以邮政总局局长刘符诚为首的代表团赴会。就在这次大会上，中国代表团正式提出了撤销"客邮"的要求。

自从中国加入万国邮联后，与国际间的通邮已不需要"客邮"居间中转，而且许多"客邮"经营的情况不妙，经济上不能自给。鉴于这种情况，在这次会议上，美、英、法等国的代表都在一定程度上表示了愿意撤邮的姿态，但日本坚决不同意。1921 年在华盛顿召开的邮联大会上，中国代表施肇基宣读了中国要求撤销"客邮"的宣言，指出"客邮"的设置是非法的。但是他的发言被大会主席美国代表许士粗暴地打断。结果会议没有就中国代表的议案进行讨论。

直到 1922 年 2 月 1 日，邮联太平洋会议才通过了撤销各国在华"客邮"的决议。但同时又附加了一个条件，即要求中国政府"保证现在邮务行政与外国邮务总办之地位有关系者，无变更之意"。也就是说要把帝国主义控制中国邮政的现状维持下去。会后，英、美、法等国相继撤销了在华的"客邮"。俄国在华"客邮"早在十月革命后即已撤销。只有日本的"客邮"赖着不撤。日本在华的"客邮"遍及东北、河北、山东、湖北、湖南、江西、安徽、江苏、浙江、福建和广东等许多省份，各种邮局、野战邮局、代办所和代售邮票处共 187 个。其中大部分设在东北。中国政府多次交涉，均无结果。直到抗日战争胜利后，日本在华"客邮"问题才最终得到解决。

中国邮工早期的反帝反封建斗争

中国邮政员工深受帝国主义和封建主义的双重压迫，因而较早地展开了反帝反封建的斗争。在中国共产党成立以前，邮工的斗争还处于自发阶段。这一时期影响比较大的有北京信差反奴役斗争和广州信差拒穿"大清邮政"号衣的斗争。

当年，大清邮政为了和民信局竞争业务，拼命增加邮工的劳动强度。1911年5月，帛黎任邮政总办后，继续推行这一政策。他将各大城市邮局的投递次数，由原来的每天4次，陆续增加到8次。邮局信差被迫每天工作12小时以上，极度劳累，连吃饭的时间都没有保证。因此，北京全体信差200多人，于6月12日举行罢工。他们聚集在天桥福海居茶馆，商议对策。邮政总巡查赶到茶馆进行威胁，强迫信差们复工，遭到拒绝。信差们在致帛黎的公开信中说："每日分送信件，差务本极烦劳，虽狂风大雨，酷暑严寒，无敢少停。每遇信多时，戴月披星，忘食废寝，但职分当然，既不敢居功，也无须诉苦。现奉总巡差传知，每日加添两班，实难遵办。"这次罢工，使北京的邮政业务陷于瘫痪。帛黎被迫宣布"加班一举，尚未定议"，信差们才于6月18日复工。

为了对付邮工，邮政当局决定制定"暂行邮律"，想利用规章制度强迫邮工就范。但没等到"暂行邮律"颁行，便爆发了辛亥革命。1913年11月间，邮政总办帛黎又迫令邮局将每日投递次数由 4 次改为 8 次。这条命令在汉口遭到邮工反对，没能实行。北京邮局信差总稽查马文治听到这一消息后，为向帛黎邀功，声称在汉口行不通的命令，他能在北京执行。于是马文治将每日投递次数再改为 8 次。北京信差闻讯后，当即在马六、李七的领导下，联名上书邮政当局，表示抗议，并于第二天宣布总罢工。这一行动使北京邮件堆积如山，邮政通信立即停顿。总稽查马文治在邮政当局指使下，于 12 月 1 日招收新邮工 237 名，企图以新邮工代替罢工信差，强制执行每日投递 8 次的命令。马六、李七采取相应对策，宣布实行"革命"。这种"革命"的办法是：看见新邮工出局投递，就把他们架到天桥福海居茶馆，扣下名戳，扒去号衣，叫他们无法投递。不久，北京邮政当局竟下令将为首"闹事"的信差革职，并逐个进行传讯。审讯中，有 20 多人当面表示，即使革职，也绝不屈服。马文治蛮横地宣称，不仅要革职，还要把他们每月从工资中扣存的保证金没收充公。马六被逼无奈，持刀自尽，被人及时发现，送往医院治疗。帛黎闻讯后表示，不准医院收治，令马六回家调养，如因伤死亡，便不再追究；如能治愈，则必传讯、重办。最后马六惨死在家中。李七也被迫出逃。罢工最终失败。北京信差投递被强行改为每日 8 次，各支局互寄邮件改为 12 次。北京信差的罢工斗争虽然失败了，但它显示了工人阶级组织起来进行战斗的力量。

在广州，中华民国成立后，广东邮务长英人希乐思出于对辛亥革命的仇视，仍然强迫广州信差穿着清王朝遗留下来绣着"大清邮政"字样的号衣，否则不准出局投递。1912 年 1 月，广州信差、分拣差提出抗议。希乐思拒不接受。于是广州邮工举行大罢工。他们提出的要求是：取消大清号衣，增加工资。希乐思不但加以拒绝，而且声言要开除罢工工人，另募新工维持市内投递；同时，还勾结帝国主义驻广州的军队，持枪强迫新招信差投送邮件。罢工工人一面坚持斗争，一面说服临时雇工不受洋人利用，搞得希乐思束手无策，只好先后派遣差务处处长姚佐乾和总办洋文文案（即洋文秘书）张文龄与罢工工人进行谈判，被迫接受了罢工工人提出的条件，取消了"大清邮政"号衣。但希乐思对罢工工人怀恨在心，事后把这次罢工的发起人马子兴借故开除。广州信差、分拣差拒穿"大清号衣"的罢工，是一次反帝反封建的政治性罢工。斗争的胜利增强了广州邮工的自尊与自信，对全国邮工也是一个极大的鼓舞。

 南方各省收回邮权运动

1926 年 7 月，为推翻帝国主义和北洋军阀在中国的统治，广东革命政府挥师北伐。在不到半年的时间里，国民革命军迅速占领了长江流域各省区。北伐战争推动了反帝爱国运动向前发展，南方各省邮政工人利用这一有利时机，掀起了反对帝国主义、收回邮权的运动。

湖南省邮政工人在这场斗争中写下了可歌可泣的一页。1926年11月16日，湖南邮务总工会正式诞生。12月，湖南召开了第一次工农代表大会，湖南邮工派代表参加，并且聆听了毛泽东、李维汉、谢觉哉和郭亮的报告，受到了教育和鼓舞。与此同时，湖南邮务总工会向湖南邮务长法国人饶略提出了14条书面要求，主要包括：承认工会、改善邮工待遇、驱逐在筹组工会时出卖邮工利益的孔宪鹏等人，限一星期内答复，否则即举行总罢工。一开始，饶略采用拖延手法，借口要请示邮政总办铁士兰。总工会决定再宽限5天，并散发宣言，争取广泛的支持。但饶略只同意孔宪鹏离湘，其余条件，一概拒绝。其实，孔宪鹏是被饶略介绍到北京谋职。于是，湖南邮务总工会于12月16日向省政府发起请愿运动，要求撤换饶略，委派中国人为邮务长，接管湖南邮权。

湖南省总工会领导人郭亮与省政府建设厅厅长邓寿荃一起，同饶略进行谈判。饶略态度十分蛮横，连以前准备让步的条件也一并拒绝。长沙邮工闻讯，义愤填膺，结队包围了谈判会场，高呼"打倒帝国主义！""驱逐邮务长饶略！""收回邮权！"等口号。到了傍晚，一位美国领事带着几名水兵前来救援，但被邮工的声势吓破了胆，美国领事只好溜走。饶略目睹眼前的情景，内心十分恐慌，可他故作镇定，一声不吭。晚11点，愤怒的邮工冲进谈判的会议室，与他展开面对面的斗争，饶略才勉强在14条上签了字。

这以后饶略拒不办公，暗中按照铁士兰的电令，将湖南邮电存款通过美国领事馆运往上海，并把湖南邮区所有汇兑、包裹业务一律停办，停售邮票。当时正值年关邮政业务繁忙之际，这些做法在社会上造成混乱。饶略的所作所为说明他要顽抗到底。为此，湖南邮务总工会发出紧急呼吁书，揭露饶略破坏通信的罪行，要求政府把他撤职，收回邮权。当时正处于国共合作下的湖南省党部也致电武汉国民政府，要求立即撤换饶略，同时广泛发动群众，掀起反帝示威游行。

武汉国民政府在邮工运动的推动下，终于决定撤掉饶略，委任施宗岳为湖南邮区邮务长。施宗岳成为我国邮政史上第一个由中国政府委派的自己的邮务长。

施宗岳赴任后，迅速恢复了邮局业务，清理了全省积欠的汇款，对邮工待遇进行了一系列的改革。更有意义的是，他打破了邮局不用女工的陈规，于1927年4月在长沙招考拣信生，不分男女，统一考试。结果录取了一名我国第一个女邮工。

这位被录取的女邮工叫贺勃，原名贺益照。她在时代浪潮的冲击下，渴望妇女的解放，因此用英文hope（意为"希望"）的谐声更名为贺勃。邮局招考时，她正失学在家，得到消息后，满怀希望，毅然报名，并在众多的竞争对手中，夺得第二名，在全省甚至全国都引起了轰动。有人还特地为她作了一副对联以示庆贺，上联为"一举便惊人，玉尺量才真国士"，下联为"群雄皆失色，金榜题名女状元"。这件事一时在社会上传为佳话。

除湖南外，浙江、湖北等地也展开了收回邮权斗争。

浙江省收回邮权运动是在北伐军占领杭州后开始的。1927 年 2 月 17 日，北伐军占领杭州，4 天后杭州邮务工会成立。浙江邮务长是英籍印度人杜达。他在任甘肃和浙江邮务长期间，曾大肆收集我国军事和经济情报。北伐军到达浙江之前，他还经常出入于军阀孟昭月的司令部，对北伐军的活动进行侦察，甚至查到了杭州起义部队的密码电报，向北京报告。北伐军占领杭州后，杜达擅离职守，逃往上海。出逃前他还通知上海截留北京发往浙江的价值 100 万元的邮票，企图使浙江邮务陷于混乱。可是武汉国民政府交通部长孙科却给杜达下达了委任状，叫他仍回浙江重任邮务长。

后来南京政府也请杜达回杭，并指令杭州公安局给他以保护，还声明"在中央颁布一套工会法以前，各地邮务工会应一律视为非法"。但杭州邮工冲破阻挠，以确凿的事实揭露了杜达的种种罪行，要求政府依法严惩。铁士兰一再出面为杜达辩护，但杜达一案铁证如山，社会舆论为之哗然。南京政府交通部被迫进行调查。在这种情况下，铁士兰才不得不做出姿态，指派江苏邮务长英国人李齐等人，审问杜达。在查问中，杜达完全承认了他在甘肃和浙江任内侦察军事和经济情报的事实。可他后来却说："头疼、眼疼、疲倦，因此，所供各节，都不算数。"叫他另写书面材料，他又不肯动笔。铁士兰硬是说杜达的身体状况是劳累过度引起的。于是发给他一笔巨款，作为退休金，让他回国养病，算是了结了此案。

1926年10月，北伐军占领武汉，湖北邮工随即组建湖北邮务总工会。仅汉口邮务职工加入工会的就达400余人，并掀起罢工浪潮。湖北邮务长、英国人杜和白发出谕告，威胁要开除罢工的邮工。不久杜和白开除部分邮工，并将工会执委会委员长郝达清调离武汉，后来又借机将他开除。11月11日，武汉三镇邮务职工举行联合大罢工。杜和白被迫收回成命。罢工取得了胜利。

面对风起云涌的湖北邮工运动，杜和白惊恐万状。1927年1月，武汉国民政府酝酿接管邮务长职务，杜和白担心拒绝移交对他不利，企图脱身逃走。铁士兰十分恼火，电告他"除到了非撤退不可的地步"，不得离开。但杜和白还是借机逃离了武汉。铁士兰派法国人乍配林接替杜和白的职务。乍配林到任后，使用了更加毒辣的压迫手段，甚至停办汇兑。6月初，武汉邮工开展了更大规模的斗争，要求驱逐乍配林。湖北收回邮权运动达到高潮。湖北邮工这一革命行动，得到舆论界和其他行业职工的广泛支持，武汉国民政府交通部也派人前来调查处理。

眼看乍配林的地位岌岌可危，远在北京的铁士兰惊恐万分，他通过乍配林对武汉政府发出威胁，说"中国违犯了1922年华盛顿会议给予外籍邮政总办的职权"。与此同时，他又以最快的速度结算发还邮务员以上人员的七年养老金。可见，他自己也在准备退路了。就在斗争的关键时刻，蒋介石发动了四一二政变，对共产党人举起了屠刀。革命形势急转直下，收回邮权运动也受到严重挫折。

 ## 6 两个总局一个总办

　　1927 年 9 月，改组后的南京国民政府成立，王伯群出任国民党政府交通部长。王伯群上任后，需要一个懂行的人协助他把邮政的一摊子管起来。他在贵州做官时，结识了一个地方官叫刘书蕃。此人早年曾赴奥国留学，专攻邮政，是科班出身，而且在邮政部门工作了十几年，也有一定能力。王伯群便电邀刘书蕃前往南京，任命他为交通部直属下的邮政总局局长。但北洋政府的邮务总办铁士兰坚决反对南京政府另立邮政总局，指责南京无权单独采取行动，接着又以"邮政资金萎缩，财务陷入危境"相威胁。刘书蕃心里明白，铁士兰的举动是想保持住他对中国邮政实际上的统治权。因此，他向王伯群献策：南京政府和北京政府各自成立的邮政总局不变，委任铁士兰兼任南北两个总局的总办，并说如果铁士兰不能来南京，可以指派一个代表代行职务。即使这样，铁士兰还是不答应，并公开威胁说："在万国邮政联盟的眼光里，全部责任将来都要落在南京交通部头上。"但当时的大气候是帝国主义列强已决定支持南京国民党政府，而在邮局内部也有不少外籍邮务长对铁士兰的做法不满。在这种情况下，铁士兰才同意在天津与南京政府谈判。但天津为北洋政府所控制，不便于南北双方举行对等谈判。后来几经协商，改在日本人占领的大连举行。

会谈开始后，铁士兰想阻挠南京政府成立邮政局，但出席会议的北洋政府代表不满铁士兰的跋扈行动，对他的主张未予理会。所以谈判进展顺利，达成了"南北邮政总局共同管理全国邮政事务"的框架协议。

次年2月1日，会谈改在上海继续举行。在没有铁士兰出席的情况下，双方代表达成了有关协议。根据协议，铁士兰兼任南北两个邮政总局的邮政总办。这样，在中国邮政史上就出现了两个总局一个总办的奇怪现象。会议还规定：所有重大问题，必须由南北两个总局共同商定；总局公文须由局长、总办、会办一起签字，才算有效；裁汰洋员；如果铁士兰拒不实行共管条款，可以另派他人为邮政总办。

1928年6月，北洋政府垮台，北京的邮政总局撤销。铁士兰被迫到南京办公。不久，他借口有病，回国"度假"。南京政府便改派英籍邮务长希乐思为代理邮政总办。铁士兰假满后退休，南京政府乘机委任挪威籍邮务长多福森接任，并把邮政总办的官衔依照英文 Co-Director General 的含义汉译为"邮政会办"（会办，即副职）。至此，洋人充任中国邮政总办的历史遂告结束，邮政大权才由帝国主义者手中收回。但是，中华邮政内还有外国人继续担任邮务长、副邮务长等职。

 7 中国邮政员工的团体及其运动

在对外收回邮权、对内争取邮工权益的运动中，各地邮政员工纷纷组织起来，成立了自己的团体。这些团体的名称不一，其中最主要的是邮务工会与邮务职工会。邮务工会的会员基本以邮务生以下的邮工为主，代表了下层邮工的利益；职工会的会员主要由邮务生以上人员组成，代表了中上层邮工的利益。

邮务工会的历史比较悠久。早在五卅爱国运动后期，上海邮局即掀起了一个由全市 23 个支局邮工参加的大罢工，获得了胜利。从此，上海的邮工运动汹涌澎湃地开展起来。1925 年 8 月 16 日，在共产党员顾治本、沈孟仙、周颙等人的领导下，上海邮局各单位积极分子在总工会闸北区办事处召开会议，指出在上海举行邮政工人大罢工，在罢工中成立工会组织，并使工会成为领导职工斗争的合法组织。在会上，邮务生协进会的代表陆京士反对罢工，认为应先和当局谈判。他的主张没有被通过。会议决定以顾治本为主席，立即举行罢工，并当场推举了顾治本、沈孟仙、王荃等为罢工委员会委员。

1925 年 8 月 17 日，上海邮政工人开始罢工。邮政搬运工人首先响应，他们将每日清晨即须打包的新闻纸停捆停运，参加罢工的人数达 2000 多人，使全市的邮政业务陷于瘫痪。

就在罢工当天上午，罢工委员会宣布上海邮务工会正式成立，并选举共产党员王荃为第一任委员长。

在成立大会上，还宣读了罢工宣言，庄严指出："中国邮政管理权长期以来，为帝国主义窃夺，高位要津，尽为所据，食丰禄，享优权，一月之俸，可抵中国邮政工人数年之粮。喧宾夺主，令人发指!”“我邮政工人只能度黑暗生活，每日工时长达 12 小时以上，每月工资不满 20 元，操作如牛马，稍有不慎，即遭开除，致使大家无时无刻不生活在惴惴自危之中”。“对此重大压迫，应如何反抗？一盘散沙是不能奋斗的。组织工会为工人说话，要求提高工资，改进生活，已刻不容缓。现已集议拟定工会规章，正式成立工会。现本会已决定罢工，要求全体职工服从指挥，统一行动”。

罢工委员会向上海邮政当局提出了三项基本条件：要求承认工会有代表全体会员一切事务的权利；提高工资，解决工时、工休和年赏奖金等待遇问题；从 1926 年起，停止再进洋员。

大会选派奚颙、周颙、田厚卿、王小楚、方培莲等人为代表，与上海邮局邮务长多福森交涉。多福森不肯出面，让华员副邮务长秦印绅与邮工代表谈判。与此同时，多福森勾结虹口捕房（即警察署），进行干涉。上午 10 点左右，3 名捕房便衣包探混进邮局，但立即被罢工工人发现。3 名包探躲到邮局楼上一张大写字台下面，并向追来的邮工开枪射击，打伤了 3 名工人。愤怒的邮工一拥而上，把 3 名包探捆绑起来，扭送到多福森办公室。结果，又是秦印绅出来与工人对话。他承认包探不应擅自进入邮局，并派人将受伤工人送往医院治疗。但随后即将凶手释放。

下午 2 时，英国巡捕和 20 多名英国水兵带着机枪，气势汹汹地闯进邮局，架起机枪，进行威胁。但邮工们不畏强暴，坚持罢工斗争。多福森又到上海道尹（官名，管理辖区内的行政事务）公署去搬救兵。上海道尹认为租界归外国管辖，上海邮局地处租界，中国当局不便派兵前往，弄得多福森十分尴尬。

就在双方僵持不下时，北洋政府派交通次长郑洪年到上海进行调解。于是，以罢工工人为一方，上海邮局为一方，上海商界为另一方，举行了三方会谈。谈判结果，多福森做出一些让步：承认工会可以代表全体会员的一切事务，但把"工会"改为"公会"；对于增加工资，以增发埠际津贴的方式解决，具体做法是邮务生10元，拣信生7元半，信差、听差6元，力夫2元半，其他工人5元。在这种情况下，工人才结束了罢工。

上海邮政当局对这次罢工怀恨在心，伺机报复。1925年12月，上海邮局找了个借口，把罢工组织者顾治本调往他处工作。1926年5月6日，公会委员长王荃在上班时，邮政当局突然闯入，进行查账，硬说他少了40元公款，以贪污的罪名把他给开除了。

不久，北伐战争开始了。上海邮政工人为配合北伐军的行动，于1926年7月17日举行了大罢工，重新恢复了"工会"的名称。铁士兰认为多福森无能，将其撤职，改派另一个英国人希乐思为上海邮务长。多福森在写给铁士兰的信中为自己辩解，并指出了这次事件的严重性。他说："上海邮局罢工是布尔什维克领导的"，如派人镇压，"邮局就可能变成浓烟中的一个火花，将点燃起上海到处存在的燃料，使整个上海的烈火燃烧起来"。

上海的革命火焰果然燃烧起来了。1926年10月和1927年2月，上海工人阶级举行了两次武装起义。上海邮工勇敢地参加了两次斗争。不久，中共中央军委委员周恩来积极组织上海第三次武装起义。铁士兰等人暗中制定对策，准备一旦再发生武装起义，即派军警镇压，并串通上海公共租界工部局，企图恢复"客邮"。同时，他们发出威胁说，上海邮工如果再次闹事，将会"招致国际间共同干涉的危险"，那时就会"摧毁中国的国家基础"。

双方都加紧准备。1927年3月9日，上海邮工代表78人集会，讨论组织武装纠察队的问题。会议期间，希乐思勾结租界外国巡捕闯进会场，把代表们拘捕。经过审讯，扣押了王荃、马省三、王礼清3名工人领袖，其他人都释放了。中共上海邮局党支部书记顾治本幸好没被敌人发现，也被放了出来。这时，第三次工人武装起义已经开始，顾治本立即领导全体邮工投入了战斗。

3月21日下午，上海邮工组成了武装纠察队，集中在邮局大厅，宣布罢工开始并参加武装起义。这时，大批外国巡捕包围了邮局。接着又有两支英国陆战队和100多名美国水兵赶到，堵住大门，不让邮工武装纠察队的汽车开出。邮工们据理斗争，外国巡捕头目被迫同意放行。邮工武装纠察队随即在闸北区分成两个战斗区进行战斗。经过浴血奋战，上海工人第三次武装起义终于获得胜利，占领了全上海。邮工武装纠察队帮助维持地方秩序，与上海人民一道迎接北伐军开进上海。

这时被捕的3位工会领导人还在狱中。上海邮务工会宣布，租界当局必须把王荃等3人释放，邮工才能复工。希乐思指使上海租界工部局董事会招募了875名外籍人员，开办了一个所谓的"应变邮局"，与上海邮务工会对抗。可是，在北京的铁士兰却坐不住了。因为上海总工会、中华全国总工会已向他施加压力，要求放人。他觉得事态严重，所以给希乐思拍了份加急电报，说："得罪了南方的国民政府，将会带来危险"，"无论如何，要把被捕的邮政人员放出"。希乐思这才同意放人。上海邮局派出3辆汽车，去工部局迎接被押的3名邮工领袖。上海邮务工会特地举行了大会，表示庆祝。被释放的王荃、马省三、王礼清先后登台讲演，受到邮工们热烈欢迎。最后，大会主席团宣布正式复工。同一天，希乐思不得不亲自出马，与工部局交涉，撤销了"应变邮局"。这个"应变邮局"从成立到关闭，前后只有一天的时间。

广东是北伐战争的发源地，革命形势较好，邮工运动也很快发展起来。广东大的邮工团体原来有两个：一是广东邮务次级文员公会，一是邮差工会。他们最初各自为战，1926年6月，两个革命团体进行合并，改组为广东邮务总工会。一时间，声势大振。总工会向邮政当局提出了改善待遇的13条要求。铁士兰拒不接受。于是，广东全省邮工举行了规模空前的总罢工。斗争持续了8天，铁士兰被迫部分答应了邮工的条件。

邮政工人在斗争中认识到，要完成收回邮权和提高自身地位的双重使命，必须组织起一个全国性的邮工团体。为此，广东邮务总工会于 1926 年 9 月派人到上海、天津等地联络，同年 11 月又派人赴广西联系。1927 年初，成立了全国邮务总工会筹备处，地址设在汉口中华全国总工会驻汉口办事处内。筹备委员会发出通知说："我们为统一全国邮务工人运动，集中全国邮务工人的力量，特发起召集全国邮务工人代表大会，组织全国邮务总工会"，"共同努力，去帮助政府收回邮政管理权并改善我们邮务工友的生活"。3 月 7 日，全国邮务总工会在汉口召开成立大会。出席会议的有广东、湖南、湖北、广西、江西、浙江、福建、东川、西川、上海等邮区的 54 位代表。大会推举广东代表、共产党员伍天德为全国邮务总工会常委会主席。这次大会在中国邮政工人运动史上具有重要的历史意义。

不久，蒋介石发动四一二反革命政变，局势发生逆转，全国邮务总工会被迫解散。

但邮工运动并未因此长期消沉下去。1928 年 10 月，上海邮务工会举行罢工时，发出了"准许组织全国邮务总工会"的呐喊，并且成立了全国各省市邮务工会联合办事处。12 月 1 日，各地邮务工会代表聚集上海，宣布成立全国邮务总工会筹备委员会，其宗旨是：发展中华邮政；改良邮工待遇；促成全国邮务总工会；完成国民革命。筹委会实际上成为全国邮工的最高机构。

下面简述一下邮务职工会的情况。

邮务职工会是邮工中上层的组织。这个组织以上海、广东、河北三地的力量最为雄厚。

1927年3月4日，上海邮务员召开大会，组成了上海邮务职工协进会。会议提出三大宗旨：收回邮权，改良邮务和改善待遇。当时入会的只有215人，其他人都持观望态度。不久，北伐军进入上海，各界团体为欢迎北伐军举行了总罢工，协进会也加入了斗争的行列。在革命形势的促进下，5月9日，协进会改组为上海邮务职工会。

广东邮务职工会的组织叫邮员联合会，成立于1927年，当时仅包括旧制邮务员以上人员，会员也仅限于广州市以内，范围较小。几年后，开始吸收旧制邮务员以下的职员参加，广州市外的人员也纷纷加入，规模逐渐扩大，成为华南邮务职工会的中心。1934年冬，更名为广东邮员协进会。

相比之下，河北邮务职工会组建的过程较为曲折。早在北伐军进入天津时，河北邮工即在天津组建了天津邮务职工会筹备委员会。筹委会的成员包括旧制邮务员、邮务生、拣信生及信差等各个阶层的代表。由于成分复杂，难以统一步骤。前后开了7次会议，好不容易决定成立大会，但邮务员以下的人员忽然退出筹委会，于1928年7月另外组织了天津市邮务工会。邮务员以上人员不得不自筹职工会。经过两个月的准备，各项工作刚刚有了头绪，市政府当局又以一地不应有两个相同组织为由，加以阻挠。最后，由于省政府出面表态，河北邮务职工会才于1928年9月9日成立。

在全国邮务职工会形成上海、广东和河北三足鼎立的基础上，有关组织者积极努力，四处联络，1932年1月1日在上海召开了全国邮务职工代表大会。

全国邮务总工会和全国邮务职工代表大会的奋斗目标有相同或相似之处，但由于所代表的各自阶层中经济利益不同，所以很快产生了裂痕。这在上海表现得尤为突出。1928年4月中旬，上海邮务工会向当局提出改善待遇的十项要求，其中最主要的是邮务生以下各级人员加薪5元。当局有意拖延，工会方面遂于10月2日宣布罢工。由于邮务工会事先没与邮务职工会联系，同时工会的要求与职工会的意见不尽相同，所以邮务工会罢工期间，职工会会员仍然照常上班。结果，两大邮工组织产生了矛盾与分歧，影响了邮工运动的发展。

四　邮政机构的组织

　　在北洋政府统治下，军阀混战，经济凋敝，百业萧条，但中华邮政却一枝独秀，发展迅速，在财务上还扭亏为盈。1927 年，南京国民政府成立。从这时起到抗日战争爆发时为止，也是内战不断，而邮政事业仍然持续发展。这里面的原因是多方面的，其中重要一条，就是中华邮政在内部实行了一套严格、科学的经营管理方式。这里，先介绍邮政行政机构的组织管理情况。

 邮区的划分与管理

　　民国初年颁布的《邮政章程》规定：邮政的最高行政机构是邮政总局，"邮政总局设立在北京交通部内，办理一切邮政事务"，在全国各地则划分有许多邮区。

　　我国的邮区划分始于 1896 年大清邮政开张之时。根据当时海关办邮政的特点，以海关管辖区域为标准，每一海关区域即作为一个邮务区，把全国分为 35 个邮界和 5 个副邮界，不受省界的限制。

1914 年，中华邮政实行新区制，开始按省划分邮区。全国定为 21 个邮区，每个邮区设置一个邮政管理局，下面还有一、二、三等邮局、支局和邮政代办所。以后经过几次调整，总的原则是每省划为一个邮区、设立一个邮政管理局。当然也有例外，如 1921 年把奉吉黑总局分为奉天和吉黑两个邮务管理局，1922 年又把四川总局划分为东川、西川两个管理局。国民党统治时期，又有所变动，最后共分为 24 个邮区，即北京、河北、河南、甘肃、奉天、吉黑、东川、西川、湖南、江苏、安徽、福建、广西、山西、陕西、新疆、山东、湖北、江西、上海、浙江、广东、云南和贵州。

这样，在邮政系统内就形成了三个层次的管理体系。最高层次是邮政总局，中间层次是各邮区的邮政管理局，第三层次是管理局下面的一、二、三等邮局和支局。

在管理形式上，中华邮政实行垂直领导。各个邮区的管理局虽然是单独的核算部门，却不是自负盈亏的单位。有盈余必须上缴，亏损时由邮政总局拨付，支出在收入项下坐扣。管理局下面的一、二、三等邮局和支局也只是报账单位。各邮区间的现金调拨分配、账款清算，由邮政总局统一办理。这种垂直领导、高度集中的做法比较适合邮政通信联合作业的特点，有利于把收大于支的邮局的上缴盈余，调剂弥补支大于收的邮局。

此外，中华邮政还建立了监察制度。在交通部下设设计考核委员会和邮电局两个机构，负责对邮政总局的业务进行考核。在邮政总局内，另设有设计考核委员会，负责考核全国各邮区的业务；同时还设有一个视察室，分成两组，每组都有视察长 1 人，视察及副视察各 4 人，轮流派赴各邮区，视察各区的业务和账目，并查办各类重要案件。这种做法从形式上看，是上对下的监察；从实质上讲，又是一种"体外监察"，即监察者与被监察者不处于同一个利益共同体中。由于割裂了监察者与被监察者的利害关系，所以使监察真正收到了实效。

在邮政管理局这一级，设有本地业务股和外地业务股，各股配备视察员多人，负责视察管理局所在地的各个邮局。每个邮区还分成若干个视察段，在各个视察段配备村镇邮务稽查 1 至 2 人，负责查视各代办所、邮站等机构以及邮差邮路的联络等事宜。这样层层落实，形成了一个完整的监察体系。

视察员每到一个邮局，首先要查财务账，即检查三个账本：《现金出纳账》、《邮票登记簿》和《汇兑印纸登记簿》。一旦发现舞弊现象，立即向邮政管理局报告，管理局视情节轻重予以处罚。如果由于视察员的疏忽，没能及时发现问题，日后揭露出来，就要追究视察员的责任。视察员还要检查各级邮局的工作效率，各项计划执行的情况，以及邮员的敬业精神甚至服饰、卫生等。

 ## 中间机构——邮政管理局

这里专门讲一讲处于中间层的邮政管理局。

从邮政的组织系统看，邮政总局为最高行政机关，负责制定各项方针政策，设计业务发展规划，并进行行政管理。一、二、三等邮局及邮政代办所为业务部门。行政机关应根据业务部门的营业情况制定计划与措施，但各级邮局分散于各地，不便于行政机关了解情况。因此，中华邮政借鉴德国邮政的做法，在最高行政机关和各邮局之间，介入一个管理行政的机关，即邮政管理局。

邮政管理局设于各邮区内，一般情况下均在省会所在地。各管理局设邮务长1人，管理全邮区的邮政事务；设会计长1人，管理邮区的财务；并设副邮务长1人或数人，协助邮务长的工作。

邮政管理局的任务，一方面代替总局行使监督权，另一方面负责汇集所辖邮区各局的账目，供总局决策时参考。从性质上说，管理局为高级行政机关的辅助机构，也被称为低级行政机关。邮政管理局的权限在1935年以前十分有限，事无巨细都要向总局汇报。例如增加3元以上的房租，超过10元以上的开支，邮员请假等等，"皆非呈经总局核准不可"。这样一来，管理局实际上并不能发挥太大的作用，总局也不免为日常琐碎的小事所分心。而且总局因不了解下面局所的情况，做出的决定往往欠妥。1935年4月，国民党交通部长朱家骅发布命令，把各区邮政管理局的权限扩大，主要表现在三个方面。

第一，人事管理。各区邮务长有权办理邮员的奖励和惩罚，但要裁员仍须由邮政总局定令；对于各区副邮务长、会计长以及一等局长不超过 24 天的事假，各区邮务长可以根据工作情况予以准假，并派人暂时代替他们的职务，同时要呈报备案；邮务长每月事假不得超过 3 天，职务可由副邮务长或会计长暂时顶替，也要呈报备案，但全年累计事假不得超过 24 天；部分津贴由各区邮务长掌握。

第二，邮政业务。二、三等邮局以及甲、乙两级邮局的规格升降，在不增加邮工的范围内，邮务长可酌情核办；对于开闭临时局所，变更邮路以及更改局所名称等事项，均由各区邮务长决定。

第三，财务支出。各区邮局新订或续订租房契约，较原租金增长在百分之十以内，或所增金额每年在 100 元以下，由邮务长核准。邮局购置家具每次不超过 50 元，邮员因公负伤的医药费不超过 25 元，由邮务长核准。此外，各种邮政用品、零星办公费用等也都由邮务长掌握。

 全国邮政局所的分布

中华邮政的邮局按规模大小分为一、二、三等局，此外还有支局。一般情况下，每月收入在 5000 元左右，开发汇票在 2 万元左右的部门可设立一等局；收入在 600 元左右，开发汇票在 6000 元左右的部门可设立二等局；收入在 200 元左右，开发汇票在 1000 元左右的部门可设立三等局。各一、二、三等局又分为甲、乙两级，甲级局比乙级局重要。但邮局也有因特殊情形划定等级的，比如转口局。所谓转口局，是指在交通上需要转运的邮局。这种邮局因位置显要，经营的业务和大的邮局相似，所以地位较高。另外还有支局。支局多设在通商口岸，这些地区商务活动繁多，一个邮局往往不能满足需要，因此要设立一些分局。这些分局就是我们所说的支局。支局可大可小，大的支局与一等局相仿，如上海福建路的邮政支局；小的支局可能比三等局的规模还小。

邮政局所的数量增长较快，现将 1912 年至 1928 年间邮政局所的增长情况列表如下（表 4 - 1）。

表 4 - 1

时间	邮政局所数	时间	邮政局所数
1912	6816	1921	11033
1913	7808	1922	11307
1914	8324	1923	11596
1915	8510	1924	11790
1916	8797	1925	12007
1917	9103	1926	12224
1918	9367	1927	12126
1919	9761	1928	12126
1920	10505		

表 4 - 1 中的邮政局所，包括邮政管理局，一、二、三等局，支局和邮政代办所。把管理局计入，是因为管理局本身也兼有营业部门的性质。

从表中可以看出，1912 年邮政局所只有 6816 所，到 1928 年已增加到 12126 所，十多年间几乎增加了倍。当然，各地邮政局所的分布并不平衡。以 1928 年为例，各地区邮政局所的数量与面积、人口的比例可制成下表（表 4 - 2）。

表 4 - 2

区　域	局　　所		合　计	平均每局所辖面积
	邮局数	代办所数	（所）	（平方公里）
河北及北平	270	1162	1432	209
江苏及上海	220	706	926	108
山　西	86	297	383	554
河　南	145	733	878	200
陕　西	55	201	256	762
甘　肃	50	131	181	1796
新　疆	26	46	72	19806
辽吉黑	277	616	893	1055
山　东	150	693	843	172
四　川	197	936	1133	500
湖　北	125	585	710	261
湖　南	76	303	379	518
江　西	84	375	459	392
安　徽	116	564	680	209
浙　江	126	353	479	198
福　建	97	364	461	260
广　东	176	1008	1184	219
广　西	44	249	293	683
云　南	43	190	233	1631
贵　州	40	207	247	704

比较 1928 年各地区的局所数量，以河北及北平为最多，计有 1432 所，这是因为北平是当时的政治中心；新疆最少，仅有 72 所，这与新疆交通不便，社会文化不够发达以及人口密度小有关。平均每局所辖的面积，以江苏及上海区为最小，大约为 108 平方公

里；新疆区为最大，每局约辖 19806 平方公里。从总体上看，东南地区的邮政局所数量较多，平均每局所辖的面积较小；而西北地区的局所数量较少，平均每局所辖的面积较大。因此，东南地区的邮政较西北地区发达。

 ## 4　邮政代办机关的普及

邮政本身的业务机构，包括一、二、三等局及支局。这些机构的数量有限，而且多设置在城市，远没有延伸到广大的村镇。若在村镇都设置邮局，无疑花费巨大，得不偿失；但如果不设立邮局，又会失去大量的顾客。为解决这个矛盾，邮政部门便把一部分普通业务委托给村镇的商人，让他们在本地办理邮政。这就是邮政代办机关的由来。

邮政代办机关无须邮政部门出人、出设备，节省了开支，却能扩展业务，增加收入，真可谓一举两得。

代办机关有三种类型，即邮政代办所、信柜和代售邮票处。

代办所的兴办实际上就是邮政向边远地区和乡村发展的过程。开始时，遇到的阻力还是很大的。为打开局面，邮局在找代办人时给予一定的优惠条件，即除付给工资外，还加给售票酬金。1907 年规定按售出邮票数的 15% 发给酬金，鼓励人们代办邮政。

经过努力，邮政代办业务开始兴盛。在江西，"邮局已深受欢迎，群相敬礼，商铺则争以充当邮寄代办、管理一部分邮差邮路为荣"。代办者在实践中逐步认识到，商店兼收信件，等于在不添加设备的情况下，增开了一项业务，可以多招揽顾客，联络感情，并利用邮政的信誉扩大自己的影响。另外还有政治上的原因。中华邮政主持人的身后有帝国主义列强为靠山，北洋军阀各派系对此不能不有所顾忌；而且邮政属于公用事业，一直得到政府的扶植与保护。在军阀混战的年代里，店主如能与邮局建立关系，无异为自己增加了一个护身符。这种作用也是不可低估的。因此，开始时邮局用发给酬金的办法鼓励商人代办邮政，后来即使酬金很少或没有酬金，也有人争办邮政。有时代办人甚至自费雇工，也要争取把邮件尽快投递出去。所以，邮政代办所的发展十分迅速。1914 年全国有代办所 6841 处，到 1928 年已达 9719 处。设置代办所不必经邮政总办批准，各区邮务长有权选择便利之处设立。代办人一般由富裕商人充任，交纳 200 元的保单。代办所直接受管理局或一、二等邮局的领导，对下可管理本地信柜，邮政当局只付给工薪，不负责其他开支。

邮政代办所与一、二、三等局及支局在业务上的不同点是，代办所只开发和兑付每张不超过 10 元的小额汇票，收费较贵，而且只在各邮区或相邻的两个邮区内通汇，如北平区与河北区、东川区与西川区等；而邮局可开发和兑付大款汇票，收费较廉，能通达全国。

邮政代办的另一种形式是邮柜。信柜只收寄信函、包裹，不通汇款。这里所说的信柜，并不是指简单地挂在一处的信箱，邮政上的信柜，是指设有信柜、有人经营的小局所。负责人在邮局指定的时间内，从信柜中取出信件，分类后送往指定的邮局。信柜又分为两种：一种是城市信柜，设在城市内；另一种为乡村信柜，设在没有邮政代办所的乡村。在发展过程中，城市信柜逐渐被代售邮票处取代，信箱中的邮件，也由邮局派人领取。乡村信柜却一直得以存在。

在一些邮政业务量不大的村镇，甚至连乡村信柜也不设，只是由邮局派出信差在这些地区巡回揽收信件，被称作村镇邮站。村镇邮站的特点是流动性强，信差持有招牌，并随身携带邮票和单据。每到一地，就摇铃示意，投递邮件的村民听到铃声，便可赶来当场交发。

邮政代办机关形式多样，经营灵活，扩大了邮政业务，并且方便了广大农村村民的通信联系。同时它支出小，收入大，为邮政扭亏为盈起了积极作用。

邮政总局与邮政储金汇业
总局的分合

在中华邮政最初的组织系统中，邮政总局下辖储金处和汇兑处，储金和汇兑本来是邮政内部的业务。

邮政储金业务创办于 1919 年 7 月 1 日。创办伊始，经营储金的局所只有 81 个，大多设在邮政管理局及一、二等局内，但发展十分迅速。1920 年储金局所数已达到 219 个，1921 年更上升为 334 个，短短两年内，增加到四倍多。邮政储金业务的迅猛发展，很大程度上得益于其经营方针，即："人嫌细微，我宁繁琐；不争大利，但求稳妥。"邮政储金主要吸收公教人员的小额存款，满 1 元即可开户，不足 1 元可先买成邮票贴入储金片。据统计，1920 年有储户 8102 户，其中百元以下存款户就有 5355 户，占总数的 66%；1929 年，共有储户 71227 户，百元以下存款户为 44707 户，占62%。这种吸收小额存款的金融业务，因储户量大，日积月累，如涓涓细流汇成大海一样，也能形成巨款。1919 年邮政储金存款额为 30 万元，以后除 1927 年外都是逐年上升，到 1929 年存款已达 1373 万元。

对这笔存款的使用，也力求稳定。经营股票、房地产和抵押放款，获利大风险也大。所以邮政储金很少在这些方面投资，而是将存款的绝大部分用于购买债券。按照规定，政府发行的公债要在总税务司处备案，受政局的影响较小。一般说来，债券的买进价格低于票面值，用 60 多元即可购进票面 100 元的债券，等于稳获 30 多元的收益，还本时又可以得到年息 5 至7 厘的利息。这是一笔稳操胜券的买卖。

邮政汇兑，指货币经邮政由一地汇寄到另一地。1898 年，大清邮政为了和民信局竞争，开办了汇兑业务。当时只有普通汇票一种，到 1904 年，全国开办汇兑的局所也不过 77 处，汇兑总额不足 100 万元。

中华邮政继续经办此项业务，但以小额汇兑为主，大宗汇款仍由银行办理。邮政汇兑以邮政为依托，拥有银行所不具备的优势，这就是邮政局所遍布全国，不像银行仅仅局限于大中城市。

中华邮政规定不同等级的局所开发不同的汇票金额。1918 年，汇往大的邮局一张汇票最高为 200 元，中等局一张汇票最高为 100 元，一次最多均可开发三张；小的局一张 50 元，同时可开两张。后来，汇票手续严密化，实行按金额贴附汇兑印纸。印纸贴在汇票与核对据中间，再从中间剪开，由邮局把核对据寄走，汇款人执汇票自己挂号邮寄经收款人。这样做虽手续复杂，但不易出现差错。从这以后汇款限额有所松动，汇兑的增长率加快。1925 年，汇款总额突破 1 亿元大关。此后除 1927 年为 8669 万元外，每年都在 1 亿元以上。这样不仅每年可得 400 万至 700 万元的汇费，还可以把大笔逾期未兑的汇款存入银行生息。

邮政储金、汇兑自身经济实力的膨胀，为储金、汇兑游离于邮政部门创造了先决条件，但这两者真正别开门面、打出自己的招牌，却是由一件偶然事情引起的。

1929 年，万国邮联在英国伦敦举行会议，邮政司长兼邮政总局局长刘书蕃前往参加，并顺便考察欧美和日本的邮政。刘书蕃出国期间，由林实代理总局局长职务。林实因有汪精卫做后台，谋图取而代之。刘书蕃回国后，他竟拒不移交职务。刘书蕃大权旁落，自然极不甘心。于是，他借口在国外考察有所心得，上书说"欧洲各国均得将邮政储汇事务与邮政其他事项分划管理，日本亦采用此项制度。当其划分之初，储汇事业尚不及我国现时状态，至今日规模宏大，组织严整，业务发达，一日千里"。因此建议将邮政储金和汇兑业务从邮政总局中划分出来，另设总局管理。

刘书蕃的建议在邮政系统内部遭到许多人的反对。人们认为：成立储汇总局，职工并非全是邮政人员，另募新人，势必损害邮政人员的保障制度和福利待遇；而且另设新局，肯定要增加开支。但出乎众人预料的是，刘书蕃的议案经交通部长王伯群转呈行政院后，很快得到批准。结果，一个新的机构——邮政储金汇业总局竟于 1930 年 3 月 15 日在邮政人员的反对声浪中宣告成立，刘书蕃也被任命为局长。

这是怎么一回事呢？

原来，邮政经济历来独立，邮政盈余除一部分上缴外，都留为己用。邮政的大部分收入游离于国家财政之外，自然为当局所不容。而且邮政有一套严格考试入局的人事制度，安插私人入局十分困难。因此只有在邮政之外另设专局，把邮政的主要收入来源划出来，才能便于官僚资本操纵利用，并在人事上自由安排。刘书蕃的建议可以说正中政府当局的下怀，所以立即被采纳。

邮政储金汇业总局成立后，又在上海、南京、汉口等地开设储汇分局。除办理原来的邮政储金、汇兑、保险外，还从事银行业务，运用存款经营房地产，买卖股票和抵押放款，成为变相的银行。同时，储金汇业总局在经济上仍与中华邮政挂钩，即储金和汇兑业务仍由中华邮政办理，但邮局吸收的储金、逾期未兑汇票的流动金以及汇费收入，都由邮政储金汇业总局加以控制和运用，而储汇总局的一些支出却由邮政负担。如从邮局调到储汇局办理储汇业务人员的工资，仍由邮政局支付。结果造成了储汇局赢利邮局不借光，邮局亏损储汇局不沾边的局面。

邮政储金汇业总局成立后，储金业务发展较快。1930 年度储款数即猛增至 2499 万元，1934 年度已高达 4245 万元。与此相反，从 1915 年起就一直盈余的中华邮政自储汇局成立后，很快出现了亏损。1930 年亏损 428 万多元，1931 年亏损达 619 万多元。

刘书蕃当上储金汇业总局局长后，任人唯亲，贪污腐化。储汇总局编制庞大，职员完全靠私人荐举，随主管人员相进退。据上海邮务工会揭露，储汇局会办、秘书等数十人，"或为刘之戚属，或系父子兄弟叔侄，或乃直接间接同乡好友，而无一经过考试者"。刘书蕃在南京和上海各占有一套住宅，"原均为洋员所住者，已极美善，而刘氏则大事装饰，上海一宅修理费耗去 9000 余元，其购置南京私宅中之家具则又耗去万余元。而此种耗费，为避人耳目起见，竟划入储汇局中之开支"。不久，上海邮务工会和职工会联合起来，控诉刘书蕃侵吞公款、破坏邮制等十大罪行，请求把他撤职查办。但王伯群与刘书蕃私交甚厚，所以极力为他开脱，批复说邮务工会的指控"或与事实不符，或迹近周纳（故意加罪之意），且事属国家行政，尤非该工会等所得越权要求，业经严切批驳在案"。在他的包庇下，此案最后不了了之。不过事隔不久，1931 年底因王伯群下台，刘书蕃也随之被免去储金汇业总局局长的职务。

　　储汇总局从中华邮政分离出来后，成为典型的官僚机构。该局利用中华邮政的信誉，广泛吸收存款，加上大量未兑汇票流动金，形成一大笔资产。这些资金一方面被用做投机生意，成为官僚集团掠夺挥霍的资本；一方面又用来领购公债，充当国民党政府发动内战的经费。仅 1930 年 8 月，储汇总局一次就领购公债 250 万元，相当于当时上海全部邮政储金的一倍半，因而受到南京国民政府财政部长宋子文的夸奖。

　　九一八事变后，全国抗日呼声普遍高涨。1932 年 1 月 28 日，驻防上海的国民革命军第十九路军面对日寇的进攻，奋起抵抗，上海邮局职工也积极投身于抗日斗争。在此形势下，上海邮务工会的组织者陆京士利用国民党内部派系斗争的矛盾，于 1932 年 5 月 22 日发起了一场护邮大罢工。提出"以邮养邮"、"邮储合并"的口号。这次罢工表面上要求裁并储汇总局，实际上是把斗争矛头指向亲日的汪精卫改组派，因为汪精卫派系当时把持着行政院和交通部。罢工从上海开始，很快波及北京、天津、南京、济南、徐州、洛阳、郑州、杭州、福州、青岛等地，形成全国性的运动。

　　汪精卫集团对这次罢工采取了严厉措施，同时派人打入上海邮务工会内部进行破坏。陆京士曾在 1925 年上海邮政工人斗争中妥协过，是个投机分子。现在他看到风头不对，又立即转向，同意停止罢工。双方通过谈判，组成了一个邮政经济制度研究委员会。

　　这个委员会研究了一年多，提出了一个"巩固邮基方案实施纲要"。1935 年，把邮政储金汇业总局改称邮政储金汇业局，只去掉了一个"总"字，又重新归属到邮政总局。此后，储汇局虽然在名义上与邮政合并，但暗中仍与邮政分设。到 1940 年，储汇局与"四行"（中央、中国、交通、农民银行）合作，成为"四行二局"金融体系的一部分，与四大家族的官僚资本结为一体。

 ## 6 苏维埃邮政的组织情况

在二三十年代，随着革命根据地的开辟和巩固，诞生了苏维埃邮政。与中华邮政最大的区别是，苏维埃邮政是党的通信事业的重要组成部分，不是一个企业。

1927 年八七会议后，党中央创建了全国机要交通网。后来，随着革命形势的发展，在赣西南、闽西、赣东北革命根据地相继建立了苏维埃邮政，也叫赤色邮政。取名赤色邮政，是为了同国民党统治区（"白区"）的邮政相区别。

1930 年 3 月，赣西南根据地正式成立。赣西南特委会作出决定："要积极发展交通和邮政事业。"不久，成立了赣西南赤色邮政总局，还发行了 1 分、3 分和 8 分三种邮票。

同时，在福建成立了闽西交通总局。由于条件艰苦，苏维埃邮政保存下来的文献很少，倒是中华邮政提供的材料，使我们了解到当时的一些情况。1930 年

5月，中华邮政福建管理局在一份报告中说："在永定的共产党，按照我们的式样，设立了一个邮政通信机构，也有邮差，也用邮戳，邮差所穿的号衣也和我们的差不多。所不同的只是邮戳是木质的，用红色印油，号衣上有'交通'两字。他们邮差出班的班次为每天一次到四次。他们的交通员，每月工资固定为15元，出差膳宿在外。暂时他们允许任何人交寄信件，不管是党内的或党外的，都可以免费寄信。此外，如果遇有紧要事情，还偶尔地派出特别通讯员，从一村投递到另一村。邮局（指中华邮政）无法和他们竞争。福建省内共产党占领的每一个地区都推行了上述的办法……内地邮局长收到的共产党官员寄来的文件上，都有镰刀与斧头的标记，外面用五角星围着，他们自称是苏维埃。"闽西交通总局还发行了两种面值的邮票，一种为本埠使用，一种为全国通用。

同年8月，赣东北革命根据地成立赤色邮政局，不久又在乐平建立了赣东北邮政总局。

由于各根据地没有连成一片，各个苏维埃邮政规章制度也无法统一。给彼此间的通信造成一定困难。1931年11月，江西中央革命根据地已经形成，并在江西瑞金召开了第一次工农兵代表大会，成立了中华苏维埃共和国。这时，筹建统一苏维埃邮政的条件已经具备。1932年3月，中央工农民主政府举行会议，决定统一邮政，公布了统一苏维埃邮政的公告。1932年5月1日，中华苏维埃共和国邮政总局在瑞金叶坪村成立。同一天，还颁布了《中华苏维埃共和国邮政暂行章程》，共分 17 章 70 条。发行了新邮票。苏维埃邮政总局实行总局、省局、县局三级管理。在总局下面设立了粤赣（局址在于都）、江西（局址在兴国和宁都）、福建（局址在宁化）、湘赣（局址在永新）、鄂豫皖等省邮务管理局。其中，湘赣省邮务管理局的局牌"中华赤色邮政湘赣省总局"，现在仍然保存着，陈列在江西省莲花县烈士纪念堂里。这是一幅长 3 米多、宽 1 米多的丝质红色竖幅，它是苏维埃邮政曾经存在的实物见证。

1935 年 10 月，红军长征到达陕北，又在陕北创立苏维埃邮政，发行了邮票。12 月，公布了《中华苏维埃西北邮政管理局暂行章程》。西北邮政局设在子长县瓦窑堡，下辖陕北、陕甘两个省邮局以及关中、神府两个特区邮局和一些县局。翌年春，又增设了陕甘宁省邮局。1937 年初，西北邮政局迁到延安。

苏维埃邮政的历史是中国邮政史的一个组成部分，中国共产党的邮政事业就是从这里开始起步的。

五　邮政人员的管理

　　我国的邮政最初由海关承办，当邮政脱离海关自成一体时，原属税务司署管辖的一部分职工也由海关人员变成邮政人员，因此邮政的人事管理带有许多海关体制的痕迹。当时海关的人事制度基本上仿效英国，所以中华邮政的人员管理也因袭了英国的文官制度。这种制度的管理方法十分严密，对推动邮政事业的发展起到了一定作用，同时也造成一些消极因素。

 森严的等级制度

　　中华邮政的员工自 1928 年以前，共分成四班，实行"四班制"；1928 年以后，由于邮政工人的斗争，又把四班改为两班，实行"两班制"。

　　所谓四班即邮务官、邮务员、邮务生和拣信生。前三班又各分超等、一等、二等、三等及四等，每等之中又分为不同的级。其中邮务官和邮务员被称为高级人员，邮务生及拣信生被称为低级人员。

　　以上四班人均为公务员。拣信生等级中有三种超等一级拣信生，由于服务年限不同，月薪各异。拣信生之下，还有信差、邮差和杂役等人员。自 1928 年 10 月 1 日起，将四班制改为两班制。把邮务官、邮务员和邮务生合并为一班，统称为邮务员；拣信生自成一班，改名为邮务佐。开始时，邮务员分甲乙二等，甲乙中又分一等一级至六级及二等一级至六级。后来又进行了两次改革，取消了甲等邮务员与乙等邮务员的名称，直接称某等某级邮务员。等级次序以工资的高低排定，并无一定规律。

拣信生改为邮务佐后，内部的等级也发生了一些变化。

在中华邮政森严的等级中，依考绩的等次和年限晋级加薪，把工作表现、工龄期限与工资紧密地联系起来。

2 考 试

中华邮政录用职员，注重从社会上广泛搜罗人才，除邮务官考试只限于局内邮务员一级参加外，其他职员都根据所需名额，在局内外公开招考。职员入局必须经过严格的考试。考试的科目，各级有所不同。

1928 年以前，依照四班制的情况，制定了能适合当时大学、中学、高小及初小程度的各级考试。邮务官的考试有 12 门科目：汉文论说；中文译英文；英文译中文；洋文论说；国内邮务（包括账目）；国外邮务；撰拟关于邮务的公牍；算术；世界地理（侧重海洋、江河、铁路的运输及交通方法）；本国历史；国际公法及本国法律；普通知识。邮务员考6门：算学；地理；中文译成外文；外文译成中文；中文论说；外文论说。邮务生考5门：中文论说；外国文字；简易算术；地理；关于邮局日常公务问题。拣信生考3门：中文论说；简易算术；中国地理。

考试由各区邮务长及其助理人员主持，成绩优秀者由邮务长添加批语，按照成绩开具名单，呈交邮政总办审定。

邮务官的考试只限于有三等三级资格的邮务员（月薪150元）参加，还要有邮务长的推荐。考试于每年12月15日定期举行，题目由邮政总办拟定，试卷由主管邮务长评阅，并另加"保举分"。12门考试科目，每门最高100分，共1200分，保举分由0分至300分不等。不难看出，邮务长的态度对考生至关重要，他的保举分相当于考生3门课程的成绩。如果一名考生成绩平均85分，而邮务长对他不满意，保举分是0，那么这名考生的成绩就是平均85分；如果另一名考生成绩平均60分，而邮务长对他非常满意，保举分是300分，这样他的分数也上升为平均每门85分。保举分竟可以把两名成绩相差如此悬殊的考生"扯平"。由于当时担任邮务长的多数为外籍人员，所以要当邮务官必须首先得到洋人的赏识。

除邮务官考试外，其他各班考试向局内外公开。局外人可以参加考试，进入邮政系统工作；局内人也可以通过考试，由低级岗位升入高级岗位。局外人通过考试后，还有一段试用期。在试用期内，先从事低一级班次的工作，了解情况，积累经验，以便转正后可以胜任所职。局内信差或拣信生，一般要在本班工作一定期限，熟悉业务后，才能参加上一班考试。由此可见，这种考试既招揽了社会上的人才，又擢拔了本局优秀的邮政人员。

1928 年以后，随着四班制改为两班制，邮政考试也相应地改为两种，即邮务员与邮务佐的考试。报考邮务员必须取得高级中学或旧制中学的毕业证书，或者同等学历经审查合格者，同时还必须是现任邮务佐。考试科目有：三民主义；国文；外国文；中外地理；数学；常识。

邮务佐应是高级小学毕业或有同等学历经审查合格者，并且在邮政部门服务。考试科目适合高小毕业程度，科目有：三民主义；国文；简易外国文；本国地理；算术；常识。

1931 年颁布的《邮务人员考试条例》规定，邮政考试由考试院委托交通部邮政总局办理，实际上由邮政总局具体主持。

任用与退职

新职工经过考试入局后，中华邮政还要对他们进行实习训练，实习期也就是试用期，时间是一年，由邮务长或邮务长委托副邮务长主持。一年内有一半的训练时间，训练分十二期，具体安排是：第一期，在邮政支局两星期；第二期，在管理局窗柜两星期；第三期，在分拣及收发邮件处四星期；第四期，在挂号邮件处两星期；第五期，在快递邮件处一星期；第六期，在保险邮件处一星期；第七期，在接收及寄发包裹两处各一星期；第八期，在汇兑及储金两处各一星期；第九期，办理联邮事务一星期；第十期，办理该员服务区内特别事项两星期；第十一期，另安排一星期，以备了解邮费资例及邮政章程，这期间，邮员可任意到各办公室视察，各部门应随时指导并解答问题；第十二期，在距离最近的内地各邮局四星期。

新职工按照这个训练计划，在半年时间内，从在邮务支局熟悉最简单的邮务常识起，分别接触收寄、分拣、收发、挂号、快递、包裹、汇兑、联邮等各项业务。每一项训练完成后，都由所在办公处主任将其实习成绩汇报给主管邮务长。十二期全部结束后，还要对邮员实习的知识进行一次考试。成绩优良者，根据情况安排工作；如果成绩不理想，邮务员由主管邮务长呈报后酌情处理，或再进行训练，或予以辞退；邮务佐则可由主管邮务长直接处理。

试用期过后，才能被正式任用，由邮政总局发给委任状，以示符合法律手续。

除颁发委任状外，还有保证金制度。邮政章程规定，二等以下的邮务员在任职时，必须缴纳一定数额的钱款，可以是现金，也可以是有价证券，并出具保证书，保证在服务期间由于自己的过失给邮局造成经济损失时，用这笔钱负责赔偿。保证书由一家或两家商店主人签署作保，内容有：被保人姓名、籍贯；保证人姓名、籍贯；担保商号的名称、地址；保证金额等。

因邮局业务增大，需要临时雇用信差、邮差时，保证金额由各区邮务长根据情况决定，没有统一标准。

保证书规定如实填写，如有不符合事实处，一经查出，保证书作废，还要惩罚当事者。邮员升迁时，应于 3 个月内出具符合新升等级的保证书，否则将呈报邮政总局核办。如果担保的商号倒闭，必须尽快更换。为保证随时掌握出具作保商号的经营情况，中华邮政各管理区的视察员负责经常对这些商号进行调查。

对于信差、邮差等普通职工，邮政当局还实行押金或押款制度，即当局扣除信差、邮差一部分月薪，同时发给他们一个押款牌，登记扣存的押金数额。"押金章程"规定，如果违反纪律被开除或擅自离开邮局，应按情节轻重将其押金及利息的一部分或全部充公。邮政当局把押金作为惩罚职工的一种手段，押金成为邮政工人脖子上的一道枷锁。

邮员想调换工作或自愿告退，可在一个月前向邮政总局呈交报告。如果在边远省区，通信不便，也可以用电报呈请当局批准。经总局有关部门核准后，方可退职，否则要按章处罚。对邮员的退休年龄也有规定：邮员工作满 40 年或年龄满 60 岁，以及邮差年龄满 50 岁，就到了退休年龄。此外，还有"因病告退"和"因公致残"等退职方式。

奖惩制度

为鼓励邮员勤奋工作,中华邮政制定了按考绩结果进行晋级的办法。考绩范围适用于邮务官、邮务员、邮务生和拣信生。他们除在试用期有固定的薪水外,平时各级的晋升,并无固定年限,同属一级的,有的一年晋升一次,有的两三年才晋升一次,有的甚至可能被裁汰。对邮政职工的奖惩全凭邮务长和邮政总办根据"颜色密报"决定。

所谓颜色密报,指的是由主管邮务长每年 1 月 31 日以前把邮员的成绩清单秘密报告给邮政总办,密报按颜色分四种,后改为五种,分别用大红、淡红、蓝、黄、绿五种不同颜色的纸张印制。大红表示特别优等,是最可信可靠的人员;淡红色表示"优长"人员;蓝色表示"中长"人员;黄色表示"中下"人员;绿色表示"不可信不可靠,不堪任用"的人员。对五种人考绩的内容是相同的,共有 16 项:外国语;中文;西方书法;健康;管理能力;对待属员态度;品行;银钱上可靠程度;工作认真及可靠程度;智能;才干;勤勉;敏捷;专长;缺点;邮政知识。

这种密报用双层封套,加盖火漆(封口用的一种物料,通常用于密封文件),内层封套加盖日期印戳,直接呈送邮政总办。总办根据密报决定邮员晋级时间。因为考绩是秘密进行的,邮员对于报告中自己的情况一无所知。在收回邮权以前,各区邮务长多由外籍人担任，他们通过颜色密报对中国邮员进行控制。

随着邮权的收回，1929年前后取消了颜色密报制度，而代之以公开报告。报告表的颜色只有白纸黑字一种，分个性、普通学识和邮政常识三个方面。个性一项包括容行、勤勉、智能、工作、健康、银钱上的信用、管理能力及机警、信托及名誉等内容；普通学识一项包括国文、英文、打字及其他专长等内容；邮政常识一项包括普通邮政事务、文牍事务、账务及其他专长等内容。这份报告由邮务长填写，除呈报总局外，还要通知本人。由于考绩结果与本人见面，所以评价好时没有什么问题；如评价不好，那么当事人往往向邮务长质问，不断纠缠，以致后来对资深邮务员的考绩多为一等（特别优长），对邮务佐多是二等（优长）。

中华邮政的考绩制度是严密的，但任何完善的制度都要由人去执行。在1928年以前，中国邮权掌握在洋人手中，他们用考绩作为工具，扶植和培养亲信，实行以华治华，以达到控制中国邮政的目的。在国民党统治时期，考绩也未能认真执行，如储汇局的许多人员通过各种关系未经考试入局，有的人是国民党当局为控制邮政而硬行派入的，对这些人多已事先内定了等级。考绩对于他们，只是一种形式而已。

 工资与津贴

中华邮政的员工待遇优厚，在工资、奖金以及津贴等许多方面都高于其他行业的公务员，这是邮政职业为时人羡慕的一个重要原因。

　　邮政人员的工资按班次及等级发给，而班次、等级的高低又与服务年限有关。服务时间越长，等级越高。前已说明，1928年10月以前中华邮政的员工实行四班制，之后又改行两班制。班制虽有变动，但工资没有太大变化。以下是四班制中邮务官、邮务员和邮务生的工资情况（表5-1）。

表 5-1

	等级	薪数(元)
（一）邮务官	超等一级	690
	超等二级	615
	一等一级	540
	一等二级	465
	二等一级	420
	二等二级	375
	三等一级	330
	三等二级	285
	四等一级	240
（二）邮务员	超等二级	450
	一等一级	375
	一等二级	337.5
	一等三级	300
	二等一级	270
	二等二级	240
	二等三级	217.5
	三等一级	195
	三等二级	172.5
	三等三级	150
	四等一级	127.5
	四等二级	105
	四等三级	82.5

等级	薪数(元)
超等一级	150
超等二级	130
超等三级	115
一等一级	100
一等二级	90
一等三级	80
二等一级	75
(三)邮务生 二等二级	70
二等三级	65
三等一级	60
三等二级	55
三等三级	50
四等一级	45
四等二级	40
四等三级	35

从表中可见，邮政员工之间的工资收入差距很大。在四班制中，最高收入的超等一级邮务官月薪690元，几乎是邮务生中最低收入（四等三级，35元）的20倍。拣信生的基本工资各地不同，没有统一标准。但可以肯定，他们的工资在邮务生之下。

在洋人与华人之间工资差距也很明显。比如，外籍邮务长的工资分1875元、1650元、1500元、1350元和1200元五级，外籍副邮务长的工资分1200元、1125元和1050元三级。华人邮务长的工资曾为1050元，后改为800元、750元和700元三级，华人副邮务长的工资曾为937.5元、862.5元和787.5元三级，后改为650元、600元和550元三级。华人邮务长的工资，在未削减以前只和外籍副邮务长最低一级的工资相等，削减后又大大少于外籍副邮务长的工资。

外籍邮务员的收入也高于华人邮务员。外籍邮务员的薪金分一、二两等，每等又分为两级：

一等一级邮务员	1050 元
一等一级邮务员	975 元
一等一级邮务员	900 元
一等二级邮务员	825 元
二等一级邮务员	750 元
二等二级邮务员	675 元

与相同等级的华人邮务员比，高出一倍多。

1928 年以前，四班制中邮务员及其以上的员工，工作满 7 年后，可领受奖金。数额是以第七年最后一个月份的工资为标准，发给一年的薪水。不满 7 年，原则上不发奖金，但对于因病退休或病故者，也发给适当的薪金。对于邮务生及其以下的员工发给"年赏"，工作不满 1 年无年赏，1 年以上 3 年以下发给 12 月份工资的一半，满 3 年发给整个 12 月份的工资。奖金的方法在实行两班制后，扩大到所有邮政员工（雇员除外）。具体做法是邮员工作 10 年以上，每年年底的奖金数是其 12 月份工资的一倍半，如果一个邮员 12 月份的薪水是 120 元，那么他的年终奖就是 180 元。工作10 年以下，领取其 12 月份工资的一倍又四分之一。

中华邮政的工资晋升往往以服务年限即资历的深浅为标准。但资历较深的人，未必都能胜任重要职务；资浅才强的人虽职务重要但薪水较低。为解决这一不合理的现象，邮政部门以津贴的形式弥补薪金的不足。津贴的种类有会计津贴、署理津贴、管局津贴、巡查津贴、调遣津贴、房租津贴、出纳人员津贴、保证津贴等，名目繁多。

中华邮政还实行了养老抚恤金制度。这项制度有一个沿革过程。1923年，邮政当局曾实行保证防后金和资助金制。规定凡邮务生以上人员，邮局每月扣除其薪水的百分之十，开立账簿。到年终，邮局根据盈利情况，酌情将所扣金额的75%～100%，登入该人的账簿中，作为保证防后金，并按年利8厘给予利息。对拣信生及其以下人员，按服务年限发给资助金（表5-2）。

表 5-2

期　　限	拣信生每月资助金	信差每月资助金	邮差及役工每月资助金
5年以上10年以下	1元5角	1元	7角5分
10年以上15年以下	2元5角	2元	1元2角5分
15年以上	4元	3元	2元

从1929年起，取消了保证防后金和资助金而代之以养老抚恤金。即在邮政人员退休后一次性发给赡养费，并适用于一切员工。规定凡服务满25年的邮员，可按其在职最后一个月的薪金为标准，发给25个月的养老金，超过25年，每1年再增加半个月薪金的数额；服务不满25年辞职的员工不发给养老金；服务满25年但被革退或擅自离职的员工也不发给养老金。

6 假期与旅费

邮局的假期有四种，即短期假、长期假、病假和特种假。

短期假每年不超过 24 天。这项规定适合于各级邮政人员。每人可根据自己的情况，或一次用完，或分成几次，但以 24 天为限。如有特殊情况，可以延长 24 天。在延长期内，邮局不发给薪水。信差除上述假期外，每年还有不超过 10 天的临时假。至于分几次用，完全由个人决定。此外，还有调遣假和婚丧假。

邮务佐及其以上人员服役到规定年限，可请长期假。长期假的时间根据每个人的地位及服务年限而定。邮务长、副邮务长和邮务员工作满 3 年，可享受长期假 2 个月；满 4 年，3 个月；满 5 年，4 个月；满 6 年或 6 年以上，6 个月。邮务佐的假期较少，服务满 3 年，享受长期假 1 个月；满 4 年，2 个月；满 6 年或 6 年以上，3 个月。外籍邮务长、副邮务长和邮务员的假期较长，工作满 3 年，可享受长期假 3 个月；满 4 年、4 个月；满 5 年，6 个月；满 6 年或 6 年以上，8 个月。

长期假须一次呈请，不能分开使用。请长期假必须事先打报告，以便邮局调度补充人员。邮务长或副邮务长请长期假，必须提前 6 个月向邮政总局局长递交请假书。邮务员提前 3 个月，邮务佐提前 1 个月请假。外籍人员要在 1 年前打报告。在长期假满后，如遇特殊情况，不能按时返回工作，可在规定时间内向主管部门提出延假要求。延假期限不能超过应有的假期，也不领取工资。

病假也分为短期假和长期假两种。短期病假每年不超过 14 天。长期病假视邮员服役的时间而定，未满 1 年，最长可请 6 个星期的长病假，前两周领全薪，中间两周领半薪，后两周不领薪；满 1 年未满 3 年，最长可请 12 星期的长病假，前 4 周领全薪，中间 4 周领半薪，后 4 周不领薪；满 3 年未满 6 年，最长可请 6 个月的长病假，前两个月领全薪，中间两个月领半薪，后两个月不领薪；满 6 年未满 10 年，最长可请 9 个月的长病假，前 3 个月领全薪，中间 3 个月领半薪，后 3 个月不领薪；满 10 年或 10 年以上，最长可请 12 个月的长病假，前 4 个月领全薪，中间 4 个月领半薪，后 4 个月不领薪。如长期病假期满仍未恢复健康，可按病退处理。但服务满 3 年未满 6 年的邮员在 6 个月内，服务满 6 年未满 10 年的邮员在 9 个月内，服务满 10 年以上的邮员在 1 年内，恢复健康，仍有可能重新被录用。

特种假指因遇有意外事故而请假，包括女邮员的产假等。特种假的时间不固定，由主管邮务长或邮局长根据情况酌给，并发给全薪。

邮政人员在调遣、出巡、请长期假回籍、升级考试时，邮局都发给旅费。

对于调遣人员，规定要取最短的途径。如果在途中故意逗留，费用不予报销。中华邮政等级森严，邮政人员因等级不一，使用调遣费的标准也各不相同。

此外，还有未婚和已婚的区别，有子女和无子女的区别。也就是说，邮局对调遣人员的家属及随行人员的费用也有具体规定（表 5 – 3）。

表 5 – 3

类\ 别 \等级	一等邮务员及以上人员	二等以下各级邮务员及邮务佐	信差及杂役等
未婚或单身	本人及仆役 1 人	本人及仆役 1 人	本人
已婚无子女	本人、配偶及仆役 2 人	本人、配偶及仆役 1 人	本人及配偶
已婚有子女	本人、配偶、子女及仆役 2 人	本人、配偶、子女及仆役 2 人	本人、配偶及子女

调遣人员乘坐的火车及轮船舱位也有等级的区别（表 5 – 4）。

表 5 – 4

等级	火车	轮船
正副邮务长、会计长及一等邮局长	头等	头等
邮务员	二等	二等或官舱
邮务佐	三等	三等或旁舱
信差、杂役及仆役	三等	统舱

调遣人员还有补助。旅费在 100 元以内，补助费用的 10%；旅费超过 100 元，在超出部分按 5% 补贴。

请长假回籍人员的往返旅费，由邮局按标准报销，具体规定如下（表 5 – 5）。

长期假的旅费，邮局不预先支付，等度假人回局

表 5 – 5

服务年限	所发旅费
6 年以上	发还全数
5 年不及 6 年	发还 5/6
4 年不及 5 年	发还 2/3
3 年不及 4 年	发还 1/2

时，再按票价依标准发给。如果邮员不回原籍而去他处度假，须事先说明，旅费也按回籍的数目报销。

邮政人员出差办理巡查事务或担任特别职任时，邮局发给出差旅费。退职回籍人员的旅费也由邮局支付。退职人员指病退以及被裁退的员工等，不包括革退、辞退等人员。邮局员工及其配偶子女生病，可请本局聘请的医生免费诊治。三等一级邮务员以下的员工本人，使用普通药品，不收药费。如员工因公受伤，医药费可全部免费。

为鼓励邮员参加升级考试，中华邮政还设立了一项应试旅费。应试人员考试成绩在 50 分以上，邮局负责旅费的半数；成绩在 50 分以下，不报销旅费。应试人员乘坐的火车、轮船舱位的标准，与调遣人员相同，此外还有伙食费、补助费和住宿费等。

中华邮政的人事管理照搬西方资本主义的一套，其特点是待遇优渥，同时制度完善，奖罚分明。这比当时一般部门任人唯亲、无章可循的做法，无疑具有一定的科学性，但另一方面也造成了邮员循规守矩、但求无过、唯上级之命是从的不良现象。

7 中国邮政与绿色

这里顺便说一下中国邮政与绿色的关系。

在我国，邮政人员的制服是绿色的，邮递员也被称为"绿衣使者"。不但邮递员的制服，甚至连邮筒、信箱以及邮车的颜色也都是绿色的。中国的邮政为什么以绿色为标志呢？

说起来，中国邮政与绿颜色的渊源还十分久远呢。传说在唐朝玄宗皇帝的时候，长安城里有个富户叫杨崇义，他的妻子刘氏与邻居李弇（音 yǎn）私通，俩人合谋暗中害死了杨崇义，把尸体丢在后院的井中。然后，刘氏向官府报案说她丈夫被人谋害了。官府四出搜索，拘捕了许多嫌疑犯，进行拷打。被牵连的有 100 多人，但始终没能查出凶手。一天，官府派人到杨家调查。一进正堂，挂在堂厅上的一只绿色鹦鹉忽然张口说："杀家主者，刘氏与李弇也。"原来杨崇义生前非常宠爱这只绿鹦鹉。刘氏谋害丈夫时，被鹦鹉看见了。真相大白，凶手受到严惩。后来，这件事被唐玄宗知道了，他便封这只鹦鹉为"绿衣使者"。这就是今天人们称邮递员为绿衣使者这一典故的由来。

传说终归是传说。在中国邮政产生之初，并不是以绿颜色作为标志色的。

海关试办邮政期间，邮差制服是黑色的，中间镶一块白布，与清朝士兵的衣着有点相似。1878 年 3 月，天津海关还明文规定：邮差穿的制服是镶有红边和白色盾形胸补的黑色号衣。不用说，这种颜色给人的感觉是沉重的。

中国邮政由海关脱胎而来，许多方面都受海关的影响，制服的颜色也不例外。1881 年，海关税务司署规定：邮务供事在值班时，应穿灰色或蓝色的裤子，蓝色并钉有海关纽扣的上褂，加上海关制帽。从此，蓝色取代黑色成为邮员的主要服色。

大清邮政开张后，信差、邮差仍然穿蓝色的制服。但是，信筒、信箱、邮车、邮船已开始使用黄绿两色涂饰。1905 年邮政总办帛黎立了一条规矩：信筒使用黄绿相间的颜色。后来，又用于邮政车船及其他器具。所谓黄绿两色的信筒，实际上是底座为绿色，上边饰有黄色的条纹，俗称"黄帽子"。这种色彩搭配的方法一直沿用下来。如今上了年纪的人，还能记得当年在城市的街头有这样的信筒。

邮政工具虽已用绿色，但普通邮政员工的服色直到中华邮政初期仍然使用蓝色。据 1926 年出版的《邮政纲要》记载："信差制服永须合于全体邮政所用标准之样式及颜色，应如供应服所发深蓝色布等类之服式。"不过这时邮务长一级的官员已开始穿绿色制服。

1928 年收回邮权之后，邮政员工的服色终于全部改为绿色。1935 年 2 月 28 日，邮政总局发出公告，将《邮政纲要》前引条文中"蓝"字改为"绿"字。邮政人员身着绿色制服成为应该遵守的准则。

　　新中国成立后，有关部门决定继续使用绿色为邮政的象征，因为绿色寓意着和平、青春、茂盛与繁荣。

　　我国邮政的颜色从最初的黑色到蓝色，又从蓝色到绿色。颜色的变迁像是符号，记录了中国邮政近百年的沧桑历史。

六　邮政业务的经营

　　中华邮政的业务有邮件传递、邮政汇兑、报刊发行、邮政储蓄和其他等项目。按照经营性质划分，邮件传递、报刊发行属于专营业务。所谓专营业务，是指除邮政部门或由邮政部门代办外，任何单位和个人都不能经营的业务。邮件中的包裹、汇兑和储蓄业务因与交通运输部门、银行之间有一定的社会分工，属于兼营业务。其他如邮转电报、代购书籍与刊物，代售印花等，属于附带业务，或叫代理业务。

　　中华邮政成立不久，业务发展迅速，经济上也开始扭亏为盈。1930 年储金、汇兑两处从邮政总局划出后，邮政又一度陷入亏损。但总的趋势是不断向前发展。本节即对这一时期的邮政业务进行叙述。邮路里程虽不属于邮政业务，但却是邮政业务发展的前提条件，与邮政业务的关系密不可分，所以在此先对邮路里程作一扼要说明。

邮路里程

　　邮路包括邮差、航船（帆船及轮船）、铁路、汽车、航空等线路。

邮差线路分布于全国城镇、乡村之间，它以驿站为枢纽连接起来，组成一个庞大的交通网络，是最古老、最常见的线路。航船邮路的历史也比较悠久。我国最早出现的邮局多设于沿海通商口岸，并租用轮船运载邮件。从那时起就有了航船线路。在内地水域，邮局也利用帆船为运输工具。用铁路运送邮件是在1896年大清邮政成立后开始的，当时仅限于天津至山海关一段。1903年，邮政与铁路当局签订合同，商定铁路部门在火车厢内划出邮政专用的空间，发给邮差免票证，进行邮运。民国年间，铁路邮线不断扩展。邮局利用汽车的历史不长。1917年，上海邮政购置了3辆汽车，天津购置了1辆。一些大城市的邮政也陆续使用汽车。从1922年开始，出现长途汽车，范围也扩大到东北、河北、山西、浙江等地。1917年，天津还首先使用了摩托车运送邮件，当时叫汽动脚踏车。汽车线路的特点是起步较晚，但发展迅速。相比之下，航空邮路的开辟时间最晚，而且命运多舛。在1920年以前，飞机只在军事上使用。经过反复筹备，终于进行了由北京至济南的初次试飞。1921年7月1日一架双翼飞机载运了中国首批航空邮件，邮件上面贴有邮政总局当天发行的航空邮票，这一天也成为中国航空邮路开辟的纪念日。可是，航运10天后就宣告停飞。直到1929年以后，航空邮运才转入正常轨道。

为了进行比较，以便对邮路的全貌有所了解，

现将 1912 年 至 1934 年 的 邮 路 里 程 列 表 如 下
（表6-1）：

表 6-1

年份	邮差线里数	航船线里数	铁路线里数	汽车线里数	航空线里数
1912	325000	56000	18000		
1914	408000	59000	19000		
1916	421000	64700	19000		
1918	449000	69800	20000		
1920	603300	74000	20400		
1922	658400	82900	21500		
1924	683771	85589	22923		
1926	703944	90433	23796		
1928	671178	94301	25308	4434	
1930	683145	99457	26567	32251	7294
1932	687571	102601	27115	47983	13089
1934	702930	107156	28441	81040	23054

注：以华里为单位；1930～1934 年为会计年度。

　　这一时期，中华邮政的邮运手段可以说是五花八门，有原始的邮差步行，也有现代化的飞机航运。不仅如此，邮路里程的分布也很不平衡。以 1934 年度为例，各邮区邮路里程的情况可制表如下。需要说明的是，前面统计邮路里程使用的计程单位，为 30 年代的华里，1 华里约等于 0.57 公里，与今天的里程距离不等。表 6-2 采用的单位为公里。

表 6 – 2

单位：公里

邮区	邮差线	航船线	铁路线	汽车线	航空线	总计
苏皖	23970	17355	1208	2246		44779
上海	2698	2332	189	164		5383
北平	28218		1672	1229		31119
河北	20119	73	704	653		21549
山西	13086		529	1423		15038
河南	32677	92	1495	1367		35631
陕西	9654		167	437		10258
甘肃	12220			479		12699
新疆	10809			727		11536
山东	44085	192	1154	3246		48677
西川	31450	1209		789		33448
东川	19187	2684		288		22159
湖北	13354	2280	372	2392		18398
湖南	18125	2871	357	1398		22751
江西	16221	1034	215	3576		21046
浙江	7274	11428	601	3101		22404
福建	11139	4805		1646		17590
广东	18723	8404	728	7390		35245
广西	10709	3000		3411		17120
云南	17061		598	592		18251
贵州	11283			116		11399
辽宁	16602		3080	2962		22644
吉黑	17274		3313	7047		27634
无法分区的地区		3963			13278	17241
总计	405938	61722	16382	46679	13278	543999

注：以上数字截至 1935 年 6 月底；东三省邮路里程为 1932 年 6 月底的数字。

专营业务

邮政的专营业务种类繁多，邮政部门按照处理方式与信函的类型予以划分。通常的分类方法有两种：一是以邮件性质分，一是以邮件的寄递手续分。两类邮件中又都包括许多项目。

先谈按性质分类的邮件。

信函　按照信函类资例交纳邮费的邮件。按照规定，邮政为国营事业，信函的收寄不得由私人经营。

明信片　明信片不装入信封寄发，是信件的一个类别，传递的消息简单而无关紧要，可以示人。1869年，明信片诞生于奥地利。1897年，大清邮政首次发行明信片。明信片除由邮局发行外，也可以由寄件人自行仿制。中华邮政规定：明信片纸板的尺寸，长以15公分为限，宽以10公分半为限。必须粘贴邮票。关于交寄明信片，还有两条规定：第一，不得折叠、剪裁；第二，不准缮写秽亵毁谤的语言。如发现此类情况，邮政局即将原片寄回或就地销毁。

新闻纸类　指用一定名称，依次编号，定期连续发行的新闻纸与杂志。作为新闻纸类寄递的邮件，必须装订成册，在内政部登记，并向邮政管理局申请挂号。没有挂号的邮件，只能按印刷物办理。邮政当局规定，无论寄交国内或国外，每包重量不超过2公斤，体积长宽高合计以90公分为限。新闻纸类中又分三种：

第一种新闻纸类（平常），为公众或报馆散寄的新闻纸或杂志，由寄件人粘贴邮票交寄。这种新闻纸类基本上以一份寄一处。

第二种新闻纸类（立券），每期出版不逾10日，每次邮寄数目在500份以上，每份重量在10克以上。这种新闻纸类寄递时，须经邮政准予立券，预存1个月的邮资，交寄时由邮局加盖特别戳记。

第三种新闻纸类（总包），指每日或隔日用中文出版的新闻纸。邮寄时，预存1个月的邮资，并按照所寄地点，分别捆束，每捆至少50份。

三种新闻纸类中，第三类的寄费最廉，第一类的寄费最贵。但第二、三类仅限于寄邮报纸，不包括杂志，而且只能向发行处所在地的邮局交寄。

印刷物　指未经邮局挂号的新闻纸、杂志、定期出版物、书籍、小册子、乐谱、名片、字画、图样、盲人书籍、照片、通启、传单、布告等。无论用何纸张，如何印刷，均可作为印刷物交寄。其数目至少20件，每件文字相同。在交寄方法上，印刷物一律实行窗口交寄，而信函可直接投入信筒。

商务传单　指用单幅纸张印成的广告传单。无论印在一面或两面，每张文字相同，不用封套，也没有收件人姓名住址。这种纯属商务信息的函件，可按"商务传单"资率，交纳邮费，由邮局代为分送。厂家为推销商品，想在本地或外埠分发广告传单，即可按照邮政章程内"商务传单"条的办法，交由邮局代办。如果在当地分送，由邮局信差按传单性质，向各界分送。如寄往外埠，可分别捆包，封面上书明"传单若干张，寄交某某邮局查收分送"等字样。印刷的货品价目单，如每册重量不超过 30 克，也可作为商务传单交邮局分送。

贸易契类　指无通讯性质的各种文件。如已签收或未签收的账单、银行所寄的空白支票及汇票、房屋地契及其抄件、诉讼卷宗等，都可作为贸易契类交寄。

货样　指工厂商号制造品或货物的样本，并不是出售的商品。由个人交寄的，不是货样；由商店寄交买主订购的物品，也不属于货样。货样可包括印刷模板、单件钥匙、鲜花、血清药管以及关于自然科学试验的物品等。

再谈按手续分类的邮件。

普通邮件　指按一般时限规定传递处理的邮件，是特种邮件以外各类邮件的总称。普通邮件的特点是，寄件人按封装方法贴足普通邮资邮寄，邮局不发给凭单。

特种邮件　指普通邮件经过特别手续处理后，其性质与普通邮件有所不同的邮件。特种邮件有许多种类，下面分别叙述：

挂号邮件　分普通挂号邮件和代收货价挂号邮件两种。普通挂号邮件交寄时，在封面上注明"挂号"二字，由邮局编列号码，并开收据为凭证，以便查询。挂号又分单挂号、双挂号（附有回执）两种。双挂号投递时，邮局向收件人索取回执，送交寄件人。挂号邮件要加付挂号费。代收货价挂号邮件交寄时，寄件人可以同时委托邮局向收件人收取货价。此项邮件应填具代收货价单，连同载明银数的汇票一张，委托代收。邮件到达目的地时，邮局通知收件人到局领取，并交纳货价。邮件存局候领的期限，由寄件人在货价单上填明，最长期限为 15 天。逾期无人领取即按寄件人的声明处置。

快递邮件　选择最快传递速度优先发运的邮件。多为快递挂号邮件。交寄时，开给快递收据，加付快递资费。此外还有平快邮件，邮局不开收据。

保价邮件　贵重物品如金银钱币、宝石珍物等在交寄时，为防止遗失，可向邮局保险，即由寄件人报明价格，交纳保价费，邮局于收据上填明所保价格。如有遗失，邮局照章赔偿。保价邮件分保价信函、保价箱匣和保价包裹三种。

航空邮件　指全程或部分利用飞机运输的邮件。寄航空邮件时，应由寄件人在封面上粘贴邮局特制的蓝色"航空 PAR AVION"签条。邮往国外的邮件，应注明"由某航空线及某处运至某处"的字样。

存证信函　为寄件人保全证据、保存副本的挂号信函。寄件人把正本交邮政局作为挂号信函寄交收件人，并以内容相同的副本存邮政局，作为日后查考或进行诉讼时的凭证。这项业务始于 1935 年 7月 1 日。

通信业务的发展情况，可以用下面两个表格表示（表 6-3、6-4）。

表 6 - 3　按性质划分各类邮件交寄数目表

单位：件

年　份 \ 类别	信函	明信片	总包新闻纸	印刷物	商务传单	贸易契类	货样	总计
1912	—	—	—	—	—	—	—	132026162
1915	—	—	—	—	—	—	—	226801928
1918	211902548	31032700		58789470			257510	302269028
1920	280831535	38433800		80528000		286800	468200	400886935
1922	288948206	29995500	29764400	28398600	4374930	625400	461380	383338916
1925	364811817	40891072	47633716	44802948	3658414	1395900	863402	504975756
1928	410020740	42811600	41497313	51442400	3996000	2314387	934500	553563053
1930	501175300	45276000	49941400	71824300	8988700	2930500	1348000	682875900
1932	439128900	39069500	55593700	72557100	3333100	4322200	1183500	613911800
1934	482717500	38111000	47176400	98332100	5212800	3046000	4852100	678025400

注：1930、1932、1934 年为会计年度。

表 6 – 4　按手续划分各类邮件交寄数目表

单位：件

类别\年份	普通邮件	特 种 邮 件				总 计
		挂号邮件	快递邮件	保价邮件	合 计	
1912	184296010	6440300	1288883	969	7730152	192026162
1915	209261500	14761900	2753195	25333	17540428	226801928
1918	277147500	21112200	3990550	28778	25131528	302279028
1920	367691100	28261600	4914770	19465	33195835	400886935
1922	401093740	20425250	4824700	19926	25269876	426363616
1925	536311213	22868542	5757862	70146	28696550	565007763
1928	605953224	24335700	6124200	133224	30593124	636546348
1930	758561900	29514100	7838800	103000	37455900	796017800
1932	706334000	24623000	7964400	57100	32644500	738978500
1934	786387800	27429900	8452400	65400	35947700	822335500

注：1930、1932、1934 年为会计年度。

　　最后说一下简易人寿保险。

　　简易人寿保险是人寿保险的一种，其业务经法律规定由邮政专办。"保险"的含义是指被保人定期缴纳保险费，而当他遇有不测事件时可以得到一笔保险金额。

　　我国的简易人寿保险业务始于 1931 年，由储金汇业总局管理，其他保险公司不得经营。保额以 50 元至 500 元为限，分为两种：一种是终身保险，即保险人于被保人死亡时，付给保险金；另一种是定期保险，于保险期满时或未满期而被保人死亡时支付保险金。定期保险又分 10 年、15 年、20 年、25 年以及 60 岁养老保险五种。为了防止身患不治之症及生命垂危之人前来投保，以图取保险金额，邮政部门对赔款的时间进行了限制：①被保人未满 6 个月死亡时，受益人仅能领受所纳全部保险费；②逾 6 个月未满 1 年死亡时，领受保险金额的 1/5；③逾 1 年未满 2 年死亡时，领受保险金额的半数；④逾 2 年死亡时，可领受全部保险金额。

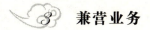

3 兼营业务

邮政办理的兼营业务主要有包裹、汇兑、储金等项。

包裹是指除信函、明信片外适合邮寄的物品。我国于 1897 年开办国内包裹业务。中华邮政时期，将包裹按性质分为小包邮件、包裹和图书小包三类。小包邮件按规定重量不得超过 1 公斤，后来放宽到 5 公斤，递送方法与信函相同。包裹的重量，1936 年以前规定不能超过 20 公斤，后来又规定以 30 公斤为限。图书小包是中华邮政为增加收入，将超过 500 克的书籍从印刷品邮件中划出增设的。

在通常情况下，邮政包裹业务按寄递手续分为普通包裹和特种包裹两类。

普通包裹是相对特种包裹而言。交寄时，只付足普通邮资即可，同时应按路程远近及运输状况妥为封装。

特种包裹又分为保价包裹和代收货价包裹两种。前者指交寄包裹时，报明价格，请求保价，是邮局对寄递担负保价责任的业务。邮寄金银条块、金银器具、宝石珍玩等，必须保价。至于一般包裹物品是否保价，

由寄件人自定。后者指邮局根据寄件报明的价格，向
收包人代收该包裹的价值，然后缴还寄包人查收的业
务。代收货价包裹业务与代收货价挂号邮件的性质
相同。

下面是邮政包裹业务的发展情况表（表6-5）。

表 6 - 5

年 \ 类别份	普通包裹件数	特种包裹件数		总 计		
		保价包裹	代收货价包裹	总件数	价值（银元）	重量（公斤）
1912	799310	76400	5089	880799	11840830	3347984
1915	1910500	113800	9023	2033323	27187277	7904129
1918	2601100	120770	16220	2738090	40109700	10850034
1920	4012030	157610	46580	4216220	70565108	20776137
1922	4628680	117258	45482	4791420	114355940	24464426
1925	6340909	115680	84379	6540968	152239332	39706440
1928	6001710	65490	103353	6170553	130289419	43729398
1930	6019800	56060	141370	6217230	121348900	37418160
1932	5701900	43200	185000	5930100	123310800	47238200
1934	5973800	28650	252550	6255000	138201100	46605300

邮政汇兑，指把货币经邮政从甲地划付到乙地。
汇兑属于金融业务，一般由银行办理。我国于1898
年开办邮政汇兑业务，当时只有普通汇兑一种业务，
办理小额汇款。由于邮政局所的设置遍布全国乡镇，
远比银行的网点普及，因此邮政汇兑有其自身的优
势，发展较快。汇兑的分类，大而划之，可分国内汇
兑和国际汇兑两种。我国于1918年开设了国际汇兑

业务。1922 年华盛顿会议决定在中国撤销"客邮"后，先后有日本、加拿大、法国、美国、越南、挪威等国与我国订立协议而通汇。国际汇兑按照国际惯例进行，并不能反映我国邮政的特点，所以这里只介绍国内汇兑。

国内汇兑最常见的是普通汇兑，即以邮寄汇票的方式将汇款人交汇的汇款兑付给指定的收款人。汇款的数额，最低额没限制，最高为 2500 元。

邮政汇兑业务的竞争对手是银行。凡是有银行的地方，邮政汇兑业务多不景气，因为银行汇兑的数额较大，更能适应都市经济发展的需要。为了与银行竞争，1935 年 12 月 5 日，储金汇业局通令将邮政管理局及一等局的汇票发汇限额增到 1 万元，并规定凡汇款 1000 元以上，均应用高额汇票，票面上不贴汇兑印纸，汇款数额在空白单式内填入。同时在银行所在地的邮局，减低汇款汇费。用这种方式招徕顾客。

普通汇票通行于邮局与邮局之间，而邮政代办所之间以及代办所与邮局之间，可互相进行小款汇票（也称邮政代办所汇票）业务，汇款数目从 1 元起至 1000 元止。

为加快汇兑速度，中华邮政于 1929 年开办了航空汇票业务。比航空汇票更快的是电报汇票，简称电汇，指邮局通过拍发汇款电报通知兑付局，把汇款人交汇的汇款兑付给指定的收款人。这种业务开创于 1933 年 10 月。

还有一种代收货价汇票，于 1904 年开办，即寄件人为偿付邮局代收货价包裹及代收货价挂号邮件时所需要的汇票。这是以邮局为中间人、方便买卖双方的一项邮政业务。在进行这项业务时，交易双方已事先约定好，邮局受寄件人委托，向收件人收取货价款，再通过邮政汇给寄件人。收货人见货即按价付款，否则邮局不予交包。代收货价汇票业务开扩了市场范围，活跃了经济生活。

在各种邮政汇兑业务中，普通汇兑所占的比重最大。现以1934年度为例，将各种汇票所占邮政汇兑总数的成分制成一表（表6-6）。

表6-6

类　别	开		发	
	张　数	占总数的百分比（%）	款　数（元）	占总数的百分比（%）
普通汇票	4468300	93.82	163429900	97.41
代办所汇票	263700	5.53	2248300	1.34
航空汇票	28200	0.59	1763800	1.05
电报汇票	2600	0.05	338400	0.20
总　　数	4762800	100	167780400	100

普通汇兑的数额为1.6亿多元，占汇兑总数的97%强。普通汇兑业务的进展基本上可以代表整个邮政汇兑的发展情况，所以这里以1912年至1934年普通汇兑为例，列表说明（表6-7）。

邮政储金是邮政部门办理的个人存款业务，经营的目的是利用邮政的基础设施，集聚社会上的闲散资金，并为民众存款提供方便。

表 6－7

年份	开发汇票		兑付汇票	
	张　数	价值（银元）	张数	价值（银元）
1912	297500	5962500	390100	5851650
1915	814040	13552200	904510	13469200
1918	2042800	35335800	2021700	34798600
1920	2713700	58923600	2713500	58409300
1922	3555000	76517900	3333700	75795600
1925	4017800	103741800	4046500	104061100
1928	3263800	101255000	3268700	100873500
1930	4900800	155267900	4812100	154712200
1932	5329400	164849000	5321900	165278400
1934	6468300	163429900	6445800	163594800

注：1930、1932、1934 年为会计年度。

　　1861 年，英国首先创办邮政储蓄业务。1919 年，我国颁布了《邮政储金条例》以及《邮政总局经理邮政储金章程》。同年 7 月，在北京、上海等 11 个城市的邮政局开始试办储金业务，后来推广到全国各地邮局。最初经办时只有存簿一种。1930 年，增办支票活期储金、定期储金和邮票储金。1931 年 6 月 29 日公布的《邮政储金法》，将业务定为存簿储金、支票储金、定期储金和划拨储金四种。

　　《储金法》第十二条对划拨储金作了三项规定：第一，无论何人均可用现金请求邮政储金机构，拨入划拨储金项下；第二，划拨储金存户可用储金请求邮政储金机构，互相划拨；第三，划拨储金存户可用储金请求邮政储金机构，拨付现款于他人。但划拨储金迟迟没有开设，付诸实践的只有其他三种业务。

邮政存簿储金类似于银行的活期储蓄。随时可以提存，满 1 元即可开户。不满 1 元，可领取储金格纸，陆续购贴邮票，等贴满 1 元时，换登存簿存入。存提款项均凭存折。开张后，利率与计算方法屡有变更。最初利息 4 厘 2，每日计算。后因手续复杂，改为按旬（10 天）计算。到 1933 年 7 月 1 日，利率定为 4 厘半，依每半月结存的最小数计算。这项业务占整个邮政储金的一半以上。

支票储金是以支票为凭支取钱款的业务。支票储金的第一次储入，必须在 100 元以上，续存不限数目。支票由邮政储金汇业局发给储户，每次所开金额应在 5 元以上，但结清储金时不在此限。初定利率周息 3 厘，但每月结余须在 100 元以上，否则不给利息。

定期储金为约定存款期限的储蓄业务。存款的期限至少在半年以上，储额至少 50 元。开办之初，利率多不统一。大体上说，半年利率多为 5 厘半，一年多为 7 厘，两年多为 8 厘。1932 年 1 月，重新更订利率，较以前略有减少。存提款额均凭存单。

关于邮政储金业务的发展情况，包括储户与储款两个内容，而这两项内容又可从纵与横两个方面去考察。纵的方面指从时间上观察储户与储金的进展，横的方面指在一个固定的时间从地域上分析储户与储金的分布状况。为说明问题，下面相应列出 4 张表格（表 6 - 8、6 - 9、6 - 10、6 - 11）。

表 6 - 8

年份	存户总数（元）	存簿储金		定期储金		支票储金	
		户数	占总数百分比（%）	户数	占总数百分比（%）	户数	占总数百分比（%）
1919	4491	4491	100				
1920	13786	13786	100				
1922	30271	30271	100				
1924	47092	47092	100				
1926	56582	56582	100				
1928	62125	62125	100				
1930	131867	127886	97	2981	2	1000	1
1932	151565	145166	96	5097	3	1302	1
1934	212333	200831	94	9911	5	1591	1

注：此表年份均为会计年度。

表 6 - 9

年份	存款总数（元）	存簿储金		定期储金		支票储金	
		款数（元）	占总数百分比（%）	款数（元）	占总数百分比（%）	款数（元）	占总数百分比（%）
1919	307980	307980	100				
1920	1537195	1537195	100				
1922	4211026	4211026	100				
1924	6968145	6968145	100				
1926	9097032	9097032	100				
1928	10088780	10088780	100				
1930	24993437	20312077	81	2351264	10	1970577	8
1932	25397058	20339326	80	3985377	16	1072355	4
1934	42457102	32582217	77	7744987	18	2129898	5

注：此表年份均为会计年度。另，1930 年度其他储金款数为 359519，占总数的 1%。

表 6 – 10

各区局	存户总数	存簿储户数	定期储金户数	支票储金户数
邮政储汇局	4346	2132	1107	1107
汉口储汇局	3428	2662	461	305
南京储汇局	3380	2795	406	179
上　海	16804	15157	1647	
北　平	31245	30038	1207	
河　北	7676	7073	603	
山　西	4402	4200	202	
河　南	10702	10471	232	
陕　西	2053	1974	79	
山　东	18533	18280	253	
东　川	451	428	23	
西　川	174	150	24	
湖　北	10017	9531	486	
湖　南	6367	6020	347	
江　西	4314	3981	333	
苏　皖	21470	20226	1244	
浙　江	8734	8000	734	
福　建	10380	10126	254	
广　东	47856	47587	269	
辽　宁	—	—	—	
吉　黑	—	—		
总　数	212332	200831	9911	1591

　　统计数字是枯燥的，但数字却能反映事实，那就是截至抗日战争爆发以前，中华邮政的主要业务得到了迅速发展。

表 6 – 11

单位：元

各区局	存簿储金	定期储金	支票储金	总　计
储金储业局	545325	1280069	1867038	3692432
汉口分局	549637	300700	118756	969093
南京分局	498363	237264	144103	879730
上　　海	2319030	1226630		3545660
北　　平	3712212	951726		4663938
河　　北	888569	400957		1289526
山　　西	1131475	198284		1329759
河　　南	2046591	199696		2246287
山　　东	2702878	377848		3080726
湖　　北	1797697	404099		2201796
江　　西	634844	207803		842647
苏　　皖	2728411	715765		3444176
浙　　江	888960	363680		1252640
广　　东	7884692	195876		8080568
福　　建	2635553	280298		2915851
湖　　南	1146622	286850		1433472
西　　川	25228	20466		45694
东　　川	88391	20193		108584
陕　　西	357729	76780		434509
总　　计	32582207	7744984	2129897	42457088

代理业务

中华邮政的代理业务有邮转电报、代购书籍与刊物以及代售印花等。

邮转电报业务始于 1914 年 6 月。当时电报局的设置十分有限，而邮政局网点遍布城乡，利用邮局转递电报，可以把电报推广到只有邮局而无电报局的地方。

需要邮转电报的原因不外三种：其一，发报地无电报局而收报地有电报局；其二，发报地有电报局而收报地无电报局；其三，发报地与收报地均无电报局。通过邮转电报，可以把电报交给邮局收转最近的电报局拍发，或者先由电报局拍发电报，再经邮局转递给收报地无电报局的收报人。用这种方法解决单靠电报局无法通电报的情况。

代购书籍与代订刊物是为了给购书不便的读者提供方便。凡在设有邮局的地方出版书籍，出版社都可以按照有关规定，向该区邮政管理局申请登记，然后由邮局编入代购书目，供人采购。读者想委托邮局代购书籍，只需填具购书单连同书价邮费交付邮局，邮局再通过发行人把所购的书籍检齐后，开出发票，按购者写明的地址寄出。代订刊物的方法与此相似。

代售印花是邮局受财政部门委托，代理销售印花税票的业务。印花税票是缴纳印花税的完税凭证，由纳税人粘贴于应纳税的契约、簿据上。1913 年 3 月 1 日，为便于公民纳税和国家征税，财政部委托邮政局开办了代售印花税票业务。当时，邮政总局每月向财政部请领印花税票，再转发给各地邮局。各地邮局销售后，每月末在售价款中扣提手续费，并把余款汇寄银行，解缴财政部。20 年代时，邮局代售的印花税票屡遭当地官署干涉，被迫停售。1934 年 1 月 10 日，邮政总局与财政部税务署协商后，订立了邮政代售印花税票的办法。所有邮局代售的印花税票由财政部印宝塔图样，并从当年 11 月 1 日起在各地邮局恢复代售。

邮政收支的比较

　　如果只从邮政业务进展情况去判断邮政的兴衰，显然是不全面的。业务量增大，自然收入增多，但如果支出更多，那么从总体上说仍然是亏损。所以要了解邮政经济的状况，必须从收入和支出两个方面进行考察。1912 年至 1934 年邮政收支情况可用表 6 – 12 表示：

表 6 – 12

单位：元

年份	收入	支出	盈余	亏损
1912	3570210	4020890		450680
1913	5487517	5540742		53225
1914	6156734	6254276		97542
1915	6798580	6495987	302593	
1916	7530416	6643014	887402	
1917	8574352	7151834	1422518	
1918	9496783	7590829	1905954	
1919	11231019	8790483	2440536	
1920	12679150	10467052	2212098	
1921	15606494	12780249	2826245	
1922	17112367	13266830	3845537	
1923	20782391	16316896	4465495	
1924	23257114	18906646	4350468	
1925	25304672	21353820	3950852	
1926	28311251	25301149	3010102	
1927	27803714	27708624	95090	
1928	31130830	29890658	1240172	
1929	38385832	36319109	2066723	
1930	34016913	38304754		4287841
1931	33053765	39250255		6196490
1932	31410988	36748314		5337326
1933	33313723	33450982		137259
1934	34634382	35034922		400540

　　注：1930～1934 年为会计年度。

从上面的收支比较中可以看出，1912 年至 1914 年三年间，中华邮政背着大清邮政入不敷出的包袱，经济上亏损，但数目不大。这些亏损当时由海关代垫，后来在 1925 年底全部还清。从 1915 年开始，邮政扭亏为盈，而且在一段时间内盈余呈逐年增长的趋势。其中 1922、1923 两年增长的幅度最大。

但自 1930 年起，储金、汇兑两处从邮政分出，成立邮政储汇总局。从此，储汇总局每年把盈余的 70% 拨归邮政总局，余下的 30% 留作储汇总局公积金。所以 1930 年以后的邮政经济不能仅以邮政总局为准，还应把储汇局的账目计入。以 1931 年为例，邮政本身亏损达 619 万多元。这一年储汇局归拨盈余数（盈余总数的 70%）为 1344767 元，储汇局法定公积金（盈余总数的 30%）为 576392 元。即使扣除储汇总局归拨和自己留存的盈余，整个邮政还亏损 427 万多元。以同样方法计算，1932 年整个邮政亏损 254 万多元。难怪邮员把邮政总局的损失归咎为储汇局的成立，并因此掀起罢工浪潮，要求储汇与邮政合并。

以上是中华邮政在 20 年代及 30 年代前期经营的大致情况。

七 抗战期间的邮政

1937 年卢沟桥事变后，日本帝国主义发动了全面侵华战争，中国的邮政主权也受到严重侵犯。日寇铁蹄所至，中国邮政陆续遭到破坏和劫夺。在沦陷区，中华邮政虽然勉强维持了一段时间，最终还是没能摆脱被日本接管的命运。同时，随着国民党军队在正面战场节节败退，中华邮政总局也从南京迁往汉口、昆明，最后"落户"重庆，在大后方继续开展邮政业务，并适应战时需要，创办了"军邮"。在抗日根据地，中国共产党克服困难，创办了多种形式的邮政机构。另一方面，沦陷区、国统区和解放区之间，在通邮问题上既彼此摩擦，又互有往来，在特定的历史条件下形成了一个错综复杂的局面。

 日本对中国邮政的破坏

中华邮政遭受日本帝国主义践踏的历史，可以追溯到 1931 年九一八事变之后，首当其冲的是东北地区。

当时，中华邮政辽宁邮区邮务长是意大利人巴立地，吉黑邮区邮务长为英国人施密斯。考虑到邮务长为外籍人以及邮运的国际性，日本对接管邮政尚存顾忌，所以采用了检查与控制的手段。日本关东军司令部委派宪兵常驻邮局，查翻信件报纸。他们甚至还登上行驶的火车开拆信件，并扣留关内的报纸，妄图切断关内外的联系，封锁抗日救亡运动的消息。1932 年3 月，日本扶植的"满洲国"成立，同时日本帝国主义加快了劫夺东北邮权的步伐。伪交通部长丁鉴通知巴立地，说要在 4 月 1 日接管东北邮政。巴立地与接管人员谈判时，坚持"在新京（指长春）、南京两政府关于辽宁及吉黑两邮区交涉协定未成立以前，凡该两邮区事务，一律照旧维持现状"，并达成初步协议。日本侵略者闻讯大怒，竟要伪满人员索回协议书，当面撕毁，企图赖账。巴立地把协议书的部分内容夺回，拼贴后执以为据，当面力争。同时，巴立地暗中把邮政重要档案、现款、邮票等分别存放到外国银行和教堂，陆续向关内转移。7 月 23 日，南京国民党政府指令巴立地停办东北邮政，向关内撤退。东北 2000 多名邮政员工表现出高度的爱国主义精神，毅然撤入关内。这一举动受到全国各界人士的赞扬。

中华邮政被迫从东北撤退后，日本帝国主义乘机开办了殖民地邮政，从用人、管理以及语言文字方面，完全照搬日本的邮政，排除中华邮政的传统影响，甚至连邮差的制服也由绿色改为深蓝色。

七七事变以后，华北、华中、华南大片国土相继沦亡。中华邮政权衡利弊后，决定不像在东北那样撤退，而是采取在沦陷区勉强维持邮务的方针。1937年7月18日，中华邮政密令各地邮局："如遇地方情形紧急，非至当地机关及民众确已迁移，不得撤退。撤退时亦应于可能范围内在邻近安全地点暂避，并相机回局恢复，以便民众。"他们把这种做法称为"容忍政策"。同时还把沦陷区的邮务长一职留给外国人，如安排意大利人巴立地和克立德分别留在北平和天津，法国人乍配林留在上海，英国人施密斯留在汉口，直接掌管沦陷区邮政，想依靠这些外籍邮务长去和日伪谈判、周旋，继续与国民党统治区保持通邮关系。

但是，容忍也罢，利用洋人的招牌也罢，都是一厢情愿的事情。日本帝国主义随着侵华战争的步步深入，对中华邮政的控制也进一步加紧，并开始着手全面接管。

在华北地区，日本帝国主义采取设立伪邮政总局，以及在各管理局和一等局派日本人担任副职的办法，控制中华邮政。1938年夏天，日本驻北平特务部交通组长白井到上海活动，准备在北平设置伪邮政总局。不久，伪邮政总局正式成立，副邮务长为日本人，实际上行使局长的权力。日本还向河北、山东、山西、河南等地的邮政管理局派进了副邮务长。1942年7月，伪邮政总局改称"华北邮政总局"，还另设了"华北邮政资金局"，由日本人一手操纵。

华中地区尤其是上海为中国国际邮件互换局的所

在地，涉及列强在华利益，因此日本人没敢立即强行接管，而是用派驻邮件检查员的办法进行控制，并在人事上进行渗透。在华南地区，日本帝国主义也采取了类似的做法。

到太平洋战争爆发前后，沦陷区的邮政陆续被日本人接管。

国统区的邮政

战争改变了中华邮政原有的邮路。随着沦陷区的扩大，中华邮政控制的邮路日益缩小。抗战初期，中华邮政与沦陷区间的邮件，曾一度经由香港和上海、北平、天津等地进行交换。后来东南沿海各大城市均被日军占领，沿海港口及一些重要铁路干线被切断，使邮件经过香港等地的通路断绝。在这种情况下，中华邮政不得不重新部署、筹划，在后方开辟新的线路，继续经营。国统区的邮政有三个比较显著的特点：

一是运输工具基本以汽车为主。

抗日战争爆发后，我国主要铁路干线及附近地区先后被日军侵占。航船线路因沿海城市及内地主要江河港口的丧失也大为减少。而汽车的行驶比较灵活，所以在当时的客观条件下，汽车成为邮政的主要运输工具。为保证邮运正常进行，中华邮政拿出专款，添购汽车，自办运输。据统计，1938 年度添购汽车 150 辆，1939 年加购 116 辆，1941 年又购买了 100 辆；还购置了 90 余辆载量为 3 吨的大型邮车。汽车成为战时邮运的重要工具。

二是西部地区的邮政事业有所发展。

翻开旧中国的邮政舆图，不难发现，邮政线路和局所分布可以分为东、西两部。从黑龙江省西边沿大兴安岭山脉穿过内蒙古，再沿万里长城经山西、陕西两省北界，越过甘肃中部及四川西北角，到达西藏、云南两省区边界，可以画一条东北至西南的大斜线。斜线的右侧也就是东部，邮政线路密集，局所星罗棋布。斜线的左侧为西部地区，主要包括新疆、内蒙古、青海、西康（包括今四川省西部及西藏自治区东部地区，1928 年设省）、西藏等地。这些地区自古以来有所谓漠北、塞上、西域、川边等称呼，多属高原地带，大漠峻岭，人口稀少。水无航运之利，陆有关山之阻，交通极为不便，邮政业务也不甚发达。抗战以前，云南平均 1631 平方公里才有一所邮局；新疆甚至平均 19806 平方公里才有一所邮局。从邮件数量上看，1934 年度新疆只有 26 万多件，云南稍多，也只有 449 万多件。此外，西部许多地方的邮运采用原始方法，或肩挑担荷，或骡运马驮，平野用大车、沙漠以骆驼为运载工具。西部地区邮政落后的状况是历史上形成的。

但是抗日战争的爆发却给西部地区发展邮政提供了一个机遇。随着抗战局势的发展，东部地区多被日寇铁蹄践踏，战区人口大量西迁，西部地区成为大后方。宣达政令，调节金融，传递信函，都需要发展邮政。为此，中华邮政开设了几条新邮路，主要有：

上海—温州（或宁波）—金华—后方邮路；

梧州—柳州—六寨—贵阳邮路；

昆明—贵阳—重庆—成都邮路；

成都—南郑—宝鸡—西安—兰州—迪化邮路；

贵阳—常德—长沙邮路；

昆明—宝山—缅甸邮路。

除上海至金华一线外，其他邮路基本上都在西部地区。此外，1943、1944 两年，在西部添设邮政局所达 200 处以上。同时，为适应国际邮运的需要，又在新疆开辟了 4 条陆上国际邮路，其中 3 条通往苏联，1 条通往印度，并开设了重庆至仰光、莫斯科等航空邮路，从空中运输邮件。当然，因抗战需要发展起来的西部邮政，在数量和规模上还是有限的。

三是军邮的出现。

军邮是战争的产物。抗战爆发后，中华邮政建立了专为中国军队服务的军事邮递组织（简称军邮）。军邮由国民党军事委员会后方勤务部部长俞鹏飞领导。邮政总局作为军邮工作的执行机关，设军邮督察处，处长兼任邮政总局视察长。按照作战区域指定前线若干邮区开办军邮邮区，由管理局局长负责。区以下设军邮总视察段，由军邮总视察负责。每段又划分为若干个视察分段，每个分段设军邮视察一人。作战各军设军邮局和军邮派出所。各部队营以上各单位，派遣军邮联络员，处理本单位的军邮事务，并负责与各军邮人员及局所联络、接洽。抗战期间，共划分了

10 个军邮邮区、13 个总视察段。其中第九及驻印度军邮视察段归邮政总局直接管辖。到 1944 年初，共设立军邮局 251 个、军邮派出所 170 个、兼办军邮局所 1959 个。

军邮专门办理军事邮件。军事邮件指军事机关或军人寄发或接收的邮件，包括信函、明信片、新闻纸、印刷物、小包及包裹六种，按照处理方法分平常、平快、挂号、快递挂号及航空等五种。就性质而言，分为公用和私用两种，由军事机关交寄的文件为公用军事邮件；由部队官兵交寄的函件为私用军事邮件。为了优待作战将士，对私用军事邮件实行惠价邮寄。

此外，还有军邮汇兑和军邮储蓄。军邮汇兑指参战的军人在军邮局、兼办军邮局所以及其他特定的邮局购买汇票汇兑，有普通汇兑、免费汇兑和集团汇款三种。军邮储蓄指在军邮区内办理的军人储蓄。如果军邮区内原有邮局继续办理普通储金，军人可以按普通手续存储；而在不能办理储蓄的邮局以及各军邮局，则可以办理军邮通讯储蓄。

战时邮政业务

抗战期间，无论前方后方，邮政业务始终没有中断。根据 1937 年至 1943 年间的不完全统计，邮政专营及兼营业务的情况可列表如下（表 7 – 1、7 – 2、7 – 3）。

表 7－1

年份＼类别	信函	明信片	新闻纸	印刷物
1937	426332300	33273700	194519900	99841200
1938	333530000	20198500	95854400	56986800
1939	426018770	26270300	87180410	60128070
1940	600857300	32079600	131880600	85384600
1941	627921000	20949100	133201700	72592000
1942	656659300	14619300	130313100	55472300
1943	514991200	1922700	115606700	22031800

年份＼类别	商务传单	贸易契类	货样	总计
1937	3885400	8511400	1513600	767877500
1938	875400	4362200	565600	512372900
1939	3362600	5658000	586800	609204950
1940	1523000	8343500	986800	861055400
1941	312400	8067100	820100	863863400
1942	294200	6873100	103100	864334400
1943	18400	612900	12200	655195900

注：1942 年缺晋、冀、鲁、平四区数字；1943 年仅系后方数字。

表 7－2

年份＼类别	普通包裹件数	特种包裹件数		总　计		
		保价包裹	代收货价包裹	件数	价值（元）	重量（公斤）
1937	6677300	18690	605400	7301390	176790100	74969400
1938	4484000	3300	121140	4608440	139254680	64169180
1939	4003810	3800	60530	4068140	164379520	50771220
1940	3957380	3450	47090	4007920	297555410	48229250
1941	2130300	2870	15190	2148360	280470290	21150900
1942	1838800	100	4500	1843400	834410300	13548800
1943	489700		1400	491100	2222177800	7600800

注：1942 年缺晋、冀、鲁、平四区数字；1943 年仅系后方数字。

表 7－3

年份	储金及储券余额(元)	汇兑余额(元)
1937	42117574	7913196
1938	44098172	15246015
1939	73197659	28096438
1940	141618611	78807972
1941	374264503	83947239
1942	792262567	204521649
1943	2474019806	395529585

　　单从业务量上看，邮件、包裹的交寄数目还是很可观的。尤其是邮件，有几年已经接近甚至达到抗战前的最高数字。但是我们知道，邮政事业的兴衰要从收支两方面去衡量。抗战期间，邮政线路频繁调整，同时在大后方增设了上万处局所、邮亭和信柜，添招了上万名邮员，这样势必加大开支。而且在战争年代，物价上涨，邮政运输的成本翻倍增加，造成入不敷出。从 1940 年 6 月起，中华邮政开始月月亏损。从 1941 年至 1944 年 4 年中，亏损竟达近 10 亿元。沦陷区的情况更糟。华中地区的邮政被日伪接管后，因管理不善，贪污成风，造成亏损。同时邮资大幅度上涨，1937 年交寄一封平信为 5 分法币，到 1945 年已飞涨至 20 元。

　　不过储金汇业总局的业务在抗战期间却得到畸形发展。国民党政府发现储汇局利用邮局机构普遍设置的条件，可以广泛吸收社会上的闲散资金，买空卖空，因此，1940 年 7 月 11 日蒋介石下令，由储汇局负责办理推销节约建国储蓄券、吸收华侨汇款、代收所得税、代理国库券、扩充国内汇兑以及邮政储金等业务；接着又动员各界领导，劝说人民储蓄存款，并责成邮政系统各级邮局直至代办所都开办储汇业务。有的地方甚至由乡镇公所保甲长组成"劝储队"，挨家挨户强迫人民参加储蓄和人寿保险。结果，储汇业务发展很快。1939 年 10 月因发行节约建国储金，使储金总数由当年的 4400 多万猛增到次年的 7319 万多元。以后几年又成倍增长。到 1943 年底，储金和储券合计已达 24 亿多元。储汇局已成为变相的银行，为国民党政府积累了一大笔资金。

4 抗日根据地的邮政

抗战期间，共产党领导的抗日根据地因地制宜，成立了多种形式的通信机构。由于国共两党实行了第二次合作，所以在有的根据地仍然保留了中华邮政的机构。在党中央所在地的陕甘宁边区，我们党成立的边区邮政曾一度取消，但于 1938 年 5 月又重新建立。考虑到统一战线的因素，没有用邮政的名义，而是更名为陕甘宁边区政府通讯站。

陕甘宁边区的通讯站具有浓厚的战时色彩，它只传递党政机关的公文以及指战员与其家属的信件，不收寄一般的私信。实行免费制，不印制邮票，也不代售中华邮政的邮票。发往边区内外的私人信件，继续由中华邮政办理。如果当地没有中华邮政局所，可以贴好中华邮政的邮票，交由通讯站转交附近的中华邮政。反之，收信地点没有中华邮政，通讯站免费代递。1942年8月7日，设在延安的《解放日报》发表了题为《加强通讯交通》的社论，指出通讯站的工作"对边区的政治、军事、文化、经济等各方面的工作都有直接或间接的帮助，它是革命事业中必不可少的工作之一，在战时更有其重要性"。在各级党政部门的努力下，陕甘宁边区通讯站发展很快，到抗日战争胜利前夕，边区通讯站有干线邮路8条，支线12条，里程5000华里。

有些根据地也实行了邮票制度。晋察冀边区临时政府发行过"抗战军人纪念邮票"，免费分给战士贴用。而苏中根据地的机、快、平邮票更具特色。1942年10月，苏中交通总站发出通知指出："为了做到今后交通工作秘密隐蔽，简单迅速，杜绝大量私人信件之负担……决定采用邮票制。"邮票分三种，第一种印有"机"字，以火炬为图形；第二种印有"快"字，以飞鹰为图形；第三种印有"平"字，以帆船为图形。三种邮票各有不同的用途，机字邮票专供机密文件贴用，快字邮票专供快信快件贴用，平字邮票专供一般信函文件报刊贴用。邮票由苏中交通总站或分区交通分站向各级部门免费提供，但不供私人使用。

后来，根据形势发展需要，出现了张贴邮票的私人信件，而且这类信件的数量越来越多。到1945年4月，苏中交通总站改按"机、快、平、印、便"等类别发行了有面值邮票。改革后的机密邮票面值4角，供党政军机关交寄机密信件以及账单、汇票等重要单据；快递邮票面值为新抗币 4 角，供党政军机关寄递紧急文件；平递邮票面值 2 角，供机关团体寄递普通公文公信；印刷品邮票面值 1 角，供机关团体寄发各种宣传品；便私邮票面值 1 角，供根据地军民寄发私人信件。这项措施，标志着苏中交通总站从单纯的党政军内部专设机构向社会化方向的转变。

在抗日根据地还创造了一种把报刊发行工作交给邮政部门办理的邮、交、发合一的业务。1940 年，冀南、太行、太岳行政联合办事处交通总局首先将邮件传递和华北版《新华日报》的发行工作合为一体。1941 年 10 月，山东根据地组成了山东战时邮政推进委员会。翌年 2 月 7 日，正式成立了邮政、交通、发行三位一体的山东战时邮政总局，通称"邮交发合一"。中共山东分局还于 1943 年 3 月决定，山东战时邮政总局局长兼任中共山东分局组织部交通科科长和《大众日报》社发行部部长，以利于更好地推进邮交发合一的工作。这项业务的特点是，利用我党在实践中建立起来的通信机构，把党政军机关的文件以及党报、宣传品及时地传递出去。继山东之后，其他解放区的交通、邮政也陆续实行了"交发合一"、"邮发合一"或报纸代订、代销业务。

由于实行了第二次国共合作，1938 年底，国民党开始在晋察冀边区设置军邮。为团结抗日、顾全大局，我边区政府主动撤销了边区临时邮政，并协助军邮接办邮政，开展工作。到第二年秋天，晋察冀边区的国民党军邮邮局已有 9 所，代办所 20 余处，信柜 50 多处，邮站 400 多个。共有邮路 200 多华里，邮员 100 多人。当时这一地区的邮政归国民党第三军邮视察段管辖，由中华邮政的林卓午先生担任总视察，办事处设在西安。林卓午，字叔卿，福建省福安县人，政治上比较开明。在他的努力下，晋察冀边区的邮政很快得到恢复。

可是，国民党西安当局却百般阻挠国共合作通邮，对在抗日根据地的军邮员工，经常扣发每月应拨付的 5 万元（法币）经费。而且连邮政业务必需品邮票、单册、文具等也不发给。军邮邮局被迫向北平邮局借用文具单册，生活费只好向边区政府求援，到边区银行借支。在困难时刻，中国共产党给予了积极的支持。1940 年上半年，周恩来同志会见了林卓午先生，指出希望能办好国共双方管辖地区的邮政。同年 5 月 9 日，周恩来为林卓午亲笔题词："传邮万里，国脉所系！"陕甘宁边区政府主席林伯渠也题词："山穷水尽疑无路，柳暗花明又一村。"给林卓午先生以极大鼓舞。

为进一步协商国共通邮并解决经费困难，在林伯渠的安排下，林卓午于 1941 年底毅然来到延安。毛泽东同志接见了林卓午，使他深受感动。经过商谈，双方顺利达成了通邮协定。这个协议，1942 年 1 月 14 日以第十八集团军总司令部的名义予以发布，通令各军政部门执行。通令指出："邮务系有关抗日战争，并带有国际性质之国家企业。各地军政当局，应尊重邮政章程及其行政与工作系统，并给以充分之业务便利与妥善之保护。"

　　林卓午离开延安时，毛泽东同志赠给他《新编中国历史初集》，以及延安生产的葡萄酒和毛毯。林卓午回去后不无感慨地说："国共地区长期不通邮，根本不是共产党方面的刁难。"林卓午先生热心国共通邮的举动使国民党当局大为恼火，他们先是派人搜查林卓午在西安的住宅，继而又以"糊涂昏聩"为名把他撤职查办。最后又把他贬到安徽省霍山邮局。林卓午为国共通邮尽心尽力的行为得到广泛的赞扬，他本人也因此受到人民的尊重与怀念。1981 年 5 月 9 日，中华人民共和国邮电部在周恩来为林卓午先生题词 41 周年之际，特地发行了一套纪念邮票，就是最好的证明。

八 改良邮政运动与
南北通邮谈判

1945 年 9 月，日本战败投降，抗日战争胜利结束。从这时起到 1949 年全国解放，在我国邮政史上有两件可圈可点的事件：国民党政府的改良邮政运动和南北通邮谈判。

 昙花一现的改良邮政运动

抗战期间，中华邮政大量亏损。以 1945 年 1 月至 8 月为例，邮政收入为法币 18 亿多元，而支出却达 57 亿元之多。抗战胜利后，中华邮政为扭转经济严重亏损的困境，并粉饰太平，装点门面，在国民党政府的授意下，从 1946 年底开始发起了一场以快、安全、普遍、服务为目标的改良邮政运动。

为了加快邮件传递速度，中华邮政首先在简化寄递手续上做文章。过去挂号快递邮件，在交寄时邮局要出具执据，作为寄件人日后查询的凭据。但这种执据必须编列号码，书写收件人姓名，手续繁琐，寄件人往往因此等候较长时间。改良后邮员接到信件只需在备好的单据上加盖日戳，就可以作为执据交给寄件人。这种简化办法节省时间，邮局和寄件人也都感到方便。

此外，在南京、上海、广州等大城市内试行投递地区编号的办法，将城市分成若干个区，编定号码。寄信人在信封上将投递界区号码写明。这样，邮局在分拣信件时，只要按照写明的界区号码分类，再进行投递，迅速而准确。还有一种被称为"火车行动邮局"的做法，即邮政人员在火车上分拣邮件，以节省收寄及处理邮件的时间，加快邮件的递送。火车行动邮局最初在南京至上海的铁路线上试办，并在火车上出售邮票及收寄信件，使旅客可以随时寄信。实行火车行动邮局以来，南京、上海两地的邮件投递时间提早了。在南京晚上10点以前寄出的邮件，次日上午9点以前即可在上海投递。

同时，增开邮路，增加邮政机构。仅1946年5月至1947年4月间，就新增邮差里程33562公里，航路里程1793公里，铁路里程11932公里，汽车里程6653公里，航空里程12028公里；新增各级邮局300处，邮政代办所2420处，邮政信柜2202处，邮站1745处，邮票代售处1700处。

在方便公众方面，主要搞了汽车行动邮局和示范邮局。所谓汽车行动邮局是由汽车组成的流动邮局。这种车队式邮局的设计挺别致，两头是汽车，中间挂着几节邮厢，行驶时不必掉头。每天汽车行动邮局队按规定时间行驶，直达各偏远的部门团体处接收邮件。汽车行动邮局的业务有出售邮票税票，收寄挂号快递函件等。经过八年抗战后，各大城市建筑多被破坏，房屋十分紧缺。邮局很难找到价格便宜的房间营业。所以汽车行动邮局不但方便了公众，也给邮局节省了许多经费，对公众和邮局双方都有好处。据说在当时世界其他国家还没有出现这种业务，在我国首先实行，也算是一项发明。

示范邮局首先在上海、南京、汉口和天津等地实行，主要内容是增添设备，改进邮局形象。过去邮局的柜台长度不够，交寄信件的人数一多，就很拥挤，秩序混乱。示范邮局的做法是将营业柜台加长，或改成 U 字形，以容纳较多的顾客。对邮局的卫生条件也很注意，墙壁都刷成乳白色，门窗的设计充分考虑光线明亮，空气流通。局内备有沙发式的靠椅，供人休息。

有的示范邮局通宵营业，甚至节假日都不休息。在改善营业服务方面，悬挂值班人员姓名牌，要求营业员态度谦和，消灭死信（指地址姓名书写不清，无法投递的信）。邮局设有问讯处，置有专门柜台。利用报纸和广播进行邮政常识问答。邮政总局还成立了专门机构，负责征求公众意见，举行民意测验。

实行改良邮政运动后，几个大城市邮件传递速度加快，服务态度也有所改进。上海《大公报》曾发表文章，称颂说："交通当局对于邮政业务，近来颇多新措施。就我们住在上海的人来说，随时可以上邮局。

总局昼夜办公,四个示范邮局也无例假。如果嫌路远天热,懒得出门,还有送上门来的邮局……以上的措施,已博得社会上一致好评。"甚至连美国特使马歇尔也"祝贺中国邮政办理得很好"。

局外人连声叫好,局内人心里却很明白,改良邮政运动并不具备坚实的经济基础,表面文章无法掩盖虚假繁荣的实质。

由于国民党政府急于发动反革命内战,军费开支直线上涨。在国库空虚的情况下,依靠大量印发钞票来弥补巨额财政赤字,结果引起物价飞涨,通货膨胀。在这种经济背景下,邮政也难逃厄运。邮费跟着一涨再涨,但不管怎样也追不上物价的涨幅。抗日战争爆发前,每封国内平信邮资5分。抗战期间,物价上涨,邮费也随之上升。1940年9月,每封平信增为8分;1945年10月,一封国内平信已涨到法币20元。国民党发动全面内战后,邮资又开始猛涨。随着国民党政府在政治、军事上走向困境,经济也每况愈下,通货膨胀如脱缰野马,无法控制。到1949年2月,国民党政府不得已做出决定,中华邮政可以定期提高资费,并列出一个计算公式:

邮资新价=战前价×物价指数(50%米价增长倍数+30%纸价倍数+20%汽油价倍数)×折扣。

折扣数低于物价指数的四成。后来,又对邮资计算办法进行了修改,改为以薪工费、运输费、业务费分别占不同的比例相加计算。但这些经过精心设计的计算公式在现实生活中很难实行。因为各地物价时时在变，中华邮政要随时了解一些大中城市的米价、纸价、布价、火车运费以及美元与金圆券（1948年8月国民党政府发行的一种纸币）的比价等。等到调查好这些价格，代入公式求出新价经申请批准后，物价又上涨了，所以还要重新计算，以致有人叹息"大费周章，时感捉襟见肘"。同时因邮资涨幅太快、太高，印制的邮票供不应求，即使赶印大额邮票也无济于事。一封国内平信的大额邮票越贴越多。邮票贴多了，信也就超重了，于是还要加贴超重的邮票。一张小小的信封怎么可能容纳太多的邮票呢？结果竟出现了把信封贴在邮票上的怪现象。

在今天邮电部门的档案室里就保存着两件这样的实寄封。其中一封是1949年5月6日从贵州葫市场寄到贵阳的，在葫市场交寄时贴了200万元邮资的票额。即1万元面值的大额邮票贴了200枚。一个信封当然贴不了这么多邮票，所以就把信封贴在邮票上了。信寄到惠水时，邮资又涨了，只好再加贴面值1万元的邮票4枚，200元面值的邮票40枚。这样，一封国内平信邮费竟达到204.8万元。另一封是1949年6月12日由重庆寄到贵阳的，共贴金圆券邮票2160万元，信封也贴在邮票上，而且还欠资100万元，在信封上打了欠资戳。

信封贴在邮票上，表明邮票已贬值到了极点。一些人发现买大批整版邮票比买白纸便宜，就买来大批整版邮票糊墙壁。

邮票的厄运是整个邮政状况的一个缩影，而这种现象又是国统区经济全面崩溃的反映。在国民党政权穷途末路的情况下，哪还能谈得上什么真正的邮政改良？所以这场改良运动前后仅持续了一年左右，门面实在支撑不下去了，也就如同过眼烟云一样飘浮过去，消失了。

南北通邮谈判

八年抗战结束后，国内政治形势发生了新的变化，给国共两区通邮带来了新的问题，主要包括：原来与解放区没有直接通邮关系的沦陷区，被国民党接收后变成了国统区，在这些地区内的中华邮政是否与解放区建立直接的通邮关系？被八路军占领的沦陷区成为解放区，这些区域内的中华邮政是继续维持下去，还是撤离？还有其他相关的问题。在两个政权并存的情况下，这些问题需要通过谈判进行解决。所谓南北通邮谈判（即国共通邮谈判）就是在这样的背景下举行的。

1946 年 1 月 10 日，国共双方签订了停战协定，发布了停战命令，组成了国共双方以及有美国代表参加的"三人小组"和北平军事调处执行部，调处双方的军事冲突。2 月 11 日，北平军事调处执行部发表了第十号联合公告，宣布"为履行停战任务之一部分，各指挥官应立即进行协助恢复各交通线工作。所谓交通线，包括所有道路、铁路、水道、邮政、电话线、电报线或无线电设备……如强制检查及非法无理损坏旅客之行李及货品，与扣留邮件电报之行为，必须取消及禁止"。同时，停战令第三条规定："破坏与阻碍一切交通线之行动必须停止，所有阻碍该项交通线之障碍物应即拆除。"并在注项中说明"本命令第三节所云之交通线包括邮政在内"。通邮是北平军调部谈判的内容之一。

但军调部的国民党一方，在谈判中却别有用心地提出了"整理恢复邮政"的方案。这个方案有三项要点：第一，撤销解放区的交通局和战时邮局；第二，在解放区恢复原来已经撤走的中华邮政；第三，统一使用中华邮政的邮票，统一业务和资费。这三条揭示了"整理恢复邮政"这个用词的真实含意，所谓"整理"是整理人民邮政；而"恢复"是恢复中华邮政。也就是通过谈判，把解放区的人民邮政给整理掉，把中华邮政恢复起来，实现中华邮政的一统天下。

中共代表当然不能接受这个方案，同时也提出了自己的方案，主要有："赞成统一全国邮政业务、人事管理、邮票印发"；"肃清邮政障碍，建立合理机构，充实业务，而其中心则系整理人事"；"坚持敌后斗争之邮务人员必须提升或加薪"；各地区现有邮政人员，只要没有"帮助或参加敌伪作破坏抗战及特务行为者"，"仍为邮政服务，不得藉故使其失业"；"解放区邮务人员业务不熟练可加强训练"，做到"建立新的不分党派的统一的邮政管理组织，因才用人，不为党派资格学历所限制"。

经过多次协商，国民党在承认解放区邮政机构和录用解放区邮政人员这两个问题上始终不肯做出让步。1946 年 3 月，他们又变换手法，声称可以录用解放区邮政人员，但有一个前提，即他们必须具备考试院颁布的邮政人员考试条例资格，"参与考试，及格方能录用"。这种考试，分为四种：第一种，高级邮务员，大专资格，笔试课有 13 门；第二种，初级邮务员，高中资格，笔试课目 9 门；第三种，邮务佐，初中资格，笔试课目 6 门；第四种，信差，初级小学资格，笔试课目 2 门。所有四种考试都要经过面试，除信差考试外，笔试都有外文。很明显，这是想用考试把解放区邮政人员拒之门外。对此，中共代表叶剑英一针见血地指出："抗战军兴，经中共无数次血战，收复广大失地，建立民主政权，为使适应当时军事、政治、经济、文化之需要，先后在各地解放区成立战时邮政管理机构……八年以来，艰苦缔造，惨淡经营，我邮务人员不顾一切牺牲，使通讯工作从未中断，论功行赏、奖励犹且不遑，焉有胜利之后，反而援引考试制度，坐令失业，于情于理，均有未合……况中国之邮政考试制度，系在外人管理时期所订，对我每多限制。观其考试课目以外国文为主，显与中国国情不合。"双方寸步不让，谈判毫无结果。

在军调部的谈判中有这样一个插曲：6 月 11 日，中华邮政总局发出密令，让各地邮政管理局调查解放区邮政的名称、局所数目以及邮票的发行情况，以证明"共党干扰各地邮政情形"，配合国民党代表的谈判，然后把这些材料整理成"共军破坏邮政"一文，编印在《交通调处资料》第一辑上。但从他们搜集的材料看，并不能证明解放区人民"破坏邮政"，而只能显示出解放区邮政在一步步发展壮大。结果，这份资料反而成了宣传我党在抗战期间，为了全民族的利益，发展社会进步事业的绝好教材，而且也为我们今天研究这段历史提供了一些有用的数据。比如在调查中，详细说明冀中邮政管理局设置的地点在河北河间，"管辖河间、交河、献县、肃宁、建国、清仓、大城、饶阳、武强等9县邮政"，共20个邮局、48个代办所，还发售了"毛泽东像邮票，平信邮资5分"。

　　除了在军调部的会议桌上进行国共通邮的谈判外，各个地区的业务部门也展开了通邮问题的交涉。在晋察冀，边区交通总局曾与中华邮政协商通邮，虽未取得结果，却主动在冀中开辟了4条通往国统区的邮路：即由胜芳通天津，由永清和固安通北平，由藁城通石家庄，由河间或交河通沧县。为两区通邮提供了方便。

　　中华邮政拒不承认解放区的邮政机构和邮票，给国共两区通邮设置了许多人为的障碍。最为严重的是，中华邮政不顾国共两区通邮的事实，指令下属各局对来自解放区的邮件，涂销邮票，按欠资邮件加倍向收件人罚款。这样就加重了收信人的负担。因为"欠资"邮件要加倍罚款，所以寄一封信实际上要付三封信的邮资。解放区承认中华邮政的邮票有效，对国统区来的邮件一概免费代投代递，而中华邮政却不承认边区邮票，收到解放区的邮件按欠资处理，这就失去了对等原则，是极不公正的。

　　1946 年 6 月，蒋介石对解放区发动了全面进攻。次年 1 月，国民党政府下令对解放区实行经济交通封锁。中华邮政总局为配合国民党政府的行动，下令停止国共双方交换邮件。双方通邮谈判遂告破裂。

　　随着人民解放军在军事上的节节胜利，人民武装日益壮大。中华邮政当局对国民党扬言以武力收复解放区的幻想已经破灭，禁止通邮对中华邮政的业务不利，而且国统区群众也纷纷提出指责。1948 年 11 月，一位署名方胜仁的人投书上海中华邮政总局公众服务科，质问：抗日战争期间不收寄往沦陷区洛阳的家信还说得过去，而"现在都是中国人，却不收洛阳（洛阳此时已解放）的信，难道共区比日本人还厉害吗？" 1949 年 1 月，有人给西安《西京时报》写信："在抗战期间，后方与沦陷区甚至伪满洲国都照旧可以通信，而现在为什么国共两区反倒不能够通邮呢？"中华邮政的一些高级职员也在《现代邮政》月刊上发表文章，认为国共通邮是"应天顺人，任何方面，无法阻挡"的事，甚至提出，应该"全国即日恢复通邮"。

　　在这种形势下，国民党政府行政院批准试办国共两区通邮。2 月 3 日，中华邮政总局在一份通令中，要求所属各局"设法与共区邮局接洽，恢复各地通邮"。各地邮局当即寻找各种途径同解放区商谈。江苏邮政管理局派下属邮局的王正生回江都与解放区邮政联系。事后王正生汇报说："奉面谕偕同信差韩杨林返往扬州，于 1 月 31 日晨由镇江起程，步行五十余里，当日下午三时安全到达，随即到江都邮局。"在解放区，他受到了热情接待。2月11日，王正生奉命冒着大雪渡江，再次赴扬州与解放区邮局协商，并讨论了通邮的具体办法，如"双方承认对方所发行的邮票，不作欠资办理，并不得涂抹或撕毁"等。2月17日，中华邮政对江苏邮局通令嘉奖："国共通邮，为公众一切要求，口岸局（指江苏口岸邮局）率先试办，获到成就，深堪嘉许。除饬令江苏管理局查明出力人员优加奖叙外，各区应饬属努力以赴。"

3月5日，中华邮政总局宣称："共方发来已贴邮票之邮件照予投递，不涂抹或撕毁其邮票。"4天后，华北人民政府邮电总局公布了《关于与蒋管区通邮暂行办法》，指定北平、天津、秦皇岛为华北进出口邮件交换局，与上海等地交换邮件。南京、上海、青岛以及江苏、安徽、湖北、陕西、河南、甘宁青等地的国统区，也陆续同解放区恢复了通邮。到4月初为止，北平（已和平解放）已空运上海邮件19袋，上海发往北平125袋；解放区秦皇岛邮局交轮船发往上海的邮件共2461袋，由上海轮运来的邮件达4705袋。

至此，国共两区通邮的人为障碍已大为减少。

面对现实，中华邮政总局决定续开与解放区邮政的直接谈判。他们借上海人民和平代表团赴北平之际，委托其试探中国共产党对通邮谈判的意见。毛泽东同志和周恩来同志接见了代表团的成员，对代表团提出的通航、通邮建议表示赞赏。

1949年3月31日，中华邮政总局组成的通邮代表团，乘专机抵达北平。随专机带来邮件95袋，并带回

19 袋。中华邮政当局在谈判尚未开始时，即已互通邮件，表明了自己的诚意。

从 4 月 4 日起，双方代表在北平东交民巷储金汇业局开始谈判。华北邮电总局的代表是苏幼农、成安玉，中华邮政总局的代表是梅贻潘、翁灏英、李雄和沈鑫。谈判进展顺利。4 月 15 日达成协议。27 日双方正式签署了全面正常通邮的协议，内容包括业务范围、通邮联络处的设置、运输方法、邮票邮资、财务清理等共 19 条。

但就在协议正式签字的当天，已迁往广州的国民党行政院在第 56 次政务会议上却作出决定："对中共通邮、电、汇兑一律停止。"并由在上海的中华邮政总局急电通邮代表团不可签署文件。就这样，通邮协议墨迹未干就成了一张废纸。

不过，这时解放战争已进入最后阶段。人民解放军金戈铁马横渡长江，一举占领南京，推翻了蒋家王朝。皮之不存，毛将焉附？中华邮政在中国大陆的历史随之结束。因此，也就不存在南北通邮的问题了。

九　中国邮政进入新的历史阶段

中华人民共和国的成立翻开了历史新的一页，也标志着中国邮政的新生。

1949 年 11 月 1 日，邮电部宣告正式成立。第一任邮电部长为朱学范、副部长为王诤。12 月，邮电部召开第一次全国邮政会议，统一了全国邮政机构，并制定了经营管理、业务发展、局所网点设置、人事制度等一系列方针政策。从 1950 年起，在全国范围内，开始将报刊发行与邮政合一，利用邮政点多面广的优势，把报刊及时发行到城乡各地。1953 年，邮政汇兑由代理银行业务改为独立经营，主要办理个人汇款。经过逐步调整，形成了以北京为中心，沟通全国各地的邮政通信网。

经过一段恢复和发展，从 1956 年以后，中国邮政进入了大规模的建设时期。1958 年国庆前夕，开办了我国第一个自动化试验邮局；五六十年代，研制出邮票、报纸等自动出售机和包裹收寄机；70 年代研制成包裹分拣机和程控取包机械手；1981 年，研制成自动信函分拣机。1978 年，首先在上海、江苏、辽宁三省市试行邮政编码，原定经过一段时间试办后，80 年代初在全国推行，由于条件不成熟，一度缓行。1987 年起，又恢复宣传、普及邮政编码工作。现在已普遍为人们所接受。以上成就为邮政通信处理逐步实现机械化、自动化创造了条件。

截止到 1993 年底，全国已有邮政局所 57005 处，邮运汽车 16208 辆，分别是 1949 年的 11.7 倍和 38.4 倍。邮路里程 176.1 万公里。已有包裹分拣机 148 台，包裹收寄机 5653 台，邮政传递机 974 台，邮件升降机 568 架，报刊捆扎机 856 台，电子计算机 47203 台，自备火车邮厢 556 辆。

50 年来，创办了北京、南京、长春、重庆、西安 5 所邮电学院和石家庄邮电专科学校，为国家培养和输送了大批专业人才。

邮政业务量的发展也异常迅猛。以 1993 年为例，函件业务量是 67.5 亿件，比 1949 年增长 9.9 倍；年人均函件量也由 1949 年的 1.1 件增长到 5.8 件。邮政储蓄余额 627.8 亿元；包裹业务量为 13913.5 万件，比 1949 年增长 48.8 倍；开发汇票 2.2 亿张，比 1949 年增长 47.8 倍；订销报刊 214.4 亿份，比 1950 年增长 38.3 倍。我国自 1984 年开办国内特快专递以来，1993 年业务量达到 1886.2 万件。1993 年我国已同世界上 139 个国家和地区建立了直接通邮关系。为适应对外开放的需要，从 1980 年起开办了国际特快专递业务，受到国内外用户的欢迎，1993 年业务量达到 270 万件。

中国近代的邮政事业，从海关试办邮政起步，历经了大清邮政、中华邮政，逐步发展，到新中国诞生后，邮政事业更是日新月异，取得了丰硕的成果。

瞻望未来，邮政事业也同我们伟大的祖国一起，正在迎接一个更加美好的明天！

附：中国近代邮政大事年表

1859 年　洪仁玕在《资政新篇》中提出兴办近代
　　　　　邮政的规划。

1861 年　"大英书信馆"、"法国书信馆"在上海
　　　　　开办；之后各国相继在华开办"客邮"。

1863 年　最早的商埠邮局——"上海工部局书信
　　　　　馆"开办。

1866 年　北京、上海和镇江海关分别设立邮务办
　　　　　事处。

1867 年　天津海关设立邮务办事处。

1876 年　创立文报局。

1878 年　在赫德主持下，由北京、上海、天津、
　　　　　烟台和牛庄（今营口）五海关试办邮
　　　　　政；海关的邮务代理机构华洋书信馆成
　　　　　立；天津海关收到上海发来的首批邮
　　　　　票——大龙邮票。

1880 年　海关邮务办事处对外改称"海关拨驷达
　　　　　局"（POST）。

1882 年　海关邮局公布《海关邮局章程》。

1888 年	刘铭传在台湾改驿为邮，设立台湾邮政总局，并发行邮票。
1896 年	成立"大清邮政"。
1897 年	首次发行明信片。
1898 年	开办国内汇兑业务及包裹业务。
1903 年	清外务部批准铁路客车备邮用专间。
1905 年	津沪间试办快递邮件业务；随后，各主要邮局均开办此项业务。
1906 年	清政府邮传部成立。
1909 年	投递信差开始使用自行车。
1911 年	海关与邮政分开，邮传部接管邮政。
1912 年	中华邮政开办收寄军邮、官电、商务传单、保险信函等业务；废除驿站制。
1913 年	开办代售印花税票业务。
1914 年	中国加入万国邮联。
1917 年	上海、天津分别使用邮用汽车、摩托车运送本地邮件。
1918 年	上海邮局开始使用电动盖销机盖销邮票。
1919 年	开办储金业务，成立邮政储金局；开始由邮政调查全国人口数字，逐年公布。
1920 年	加入国际互换保险信函及箱匣协约；加入国际邮政汇兑协约；开办邮转电报业务。
1921 年	首次开办航空邮班；北洋政府公布邮政条例。
1922 年	华盛顿会议通过撤销在华各国"客邮"

的决议。

1927年　中华邮政在沈阳、哈尔滨、天津等地开
办摄影电报业务，不久停办；中华全国
邮务总工会成立；施宗岳接管湖南邮务，
成为第一个由中国政府委派的华人邮务
长；贺勃成为中国第一个女邮工。

1928年　上海、广州间开办航空邮件业务。

1929年　开办航空汇票业务。

1930年　邮政储金汇业总局成立；开办小额汇票
业务。

1932年　国民政府在东北撤邮。

1933年　开办电报汇票业务。

1934年　开办代订刊物业务；试行邮电合设；收
寄普通快递邮件（平快）；撤销邮包转
口税，国内互寄邮包不再经海关检验；
限令民信局停业。

1935年　举办代购书籍业务；试办轻便包裹业务
（小包邮件）；公布《邮政法》；实行邮
局存证信函办法；开办简易人寿保险
业务。

1936年　试办按址投递国内包裹业务；试用自动
邮资计算机；试办儿童储金。

1937年　开办代收所得税业务。

1940年　开办国际脆弱包裹业务。

1946年　在沪宁线、沪杭线铁路快车上设立火车
行动邮局；部分城市试行按投递区编号

办法；第一次南北通邮谈判。

1947年　设置赶信筒，开办国内报值挂号函件业务；增设汽车、轮船、三轮车行动邮局、邮亭；参加国际代收货价邮件协定。

1949年　第二次南北通邮谈判；中华人民共和国邮电部成立。

参考书目

1. 交通铁道部交通史编纂委员会编《交通史邮政编》（全编 4 册），1930。

2. 交通部总务司第六科编《中国邮政统计专刊》，1931。

3. 张梁任著《中国邮政》（上中下三卷），商务印书馆，1935、1936、1936。

4. 赵曾珏著《中国之邮政事业》，商务印书馆，1935。

5. 《今日邮政》，行政院新闻局印行，1947。

6. 《邮政储汇》，行政院新闻局印行，1947。

7. 中国近代经济史资料丛刊编辑委员会主编《中国海关与邮政》，中华书局，1983。

8. 邮电史编写室编《中国近代邮电史》，人民邮电出版社，1984。

9. 郑游主编《中国的邮驿与邮政》，人民出版社，1988。

10. 《中国邮电百科全书》（邮政类），人民邮电出版社，1994。

《中国史话》总目录

系列名	序号	书名	作者
物质文明系列（10种）	1	农业科技史话	李根蟠
	2	水利史话	郭松义
	3	蚕桑丝绸史话	刘克祥
	4	棉麻纺织史话	刘克祥
	5	火器史话	王育成
	6	造纸史话	张大伟　曹江红
	7	印刷史话	罗仲辉
	8	矿冶史话	唐际根
	9	医学史话	朱建平　黄　健
	10	计量史话	关增建
物化历史系列（28种）	11	长江史话	卫家雄　华林甫
	12	黄河史话	辛德勇
	13	运河史话	付崇兰
	14	长城史话	叶小燕
	15	城市史话	付崇兰
	16	七大古都史话	李遇春　陈良伟
	17	民居建筑史话	白云翔
	18	宫殿建筑史话	杨鸿勋
	19	故宫史话	姜舜源

系列名	序号	书名	作者
	20	园林史话	杨鸿勋
	21	圆明园史话	吴伯娅
	22	石窟寺史话	常 青
	23	古塔史话	刘祚臣
	24	寺观史话	陈可畏
	25	陵寝史话	刘庆柱　李毓芳
	26	敦煌史话	杨宝玉
	27	孔庙史话	曲英杰
物化历史系列（28种）	28	甲骨文史话	张利军
	29	金文史话	杜 勇　周宝宏
	30	石器史话	李宗山
	31	石刻史话	赵 超
	32	古玉史话	卢兆荫
	33	青铜器史话	曹淑芹　殷玮璋
	34	简牍史话	王子今　赵宠亮
	35	陶瓷史话	谢端琚　马文宽
	36	玻璃器史话	安家瑶
	37	家具史话	李宗山
	38	文房四宝史话	李雪梅　安久亮

系列名	序号	书　名	作　者
制度、名物与史事沿革系列（20种）	39	中国早期国家史话	王　和
	40	中华民族史话	陈琳国　陈　群
	41	官制史话	谢保成
	42	宰相史话	刘晖春
	43	监察史话	王　正
	44	科举史话	李尚英
	45	状元史话	宋元强
	46	学校史话	樊克政
	47	书院史话	樊克政
	48	赋役制度史话	徐东升
	49	军制史话	刘昭祥　王晓卫
	50	兵器史话	杨　毅　杨　泓
	51	名战史话	黄朴民
	52	屯田史话	张印栋
	53	商业史话	吴　慧
	54	货币史话	刘精诚　李祖德
	55	宫廷政治史话	任士英
	56	变法史话	王子今
	57	和亲史话	宋　超
	58	海疆开发史话	安　京

系列名	序号	书 名	作 者
交通与交流系列（13种）	59	丝绸之路史话	孟凡人
	60	海上丝路史话	杜 瑜
	61	漕运史话	江太新　苏金玉
	62	驿道史话	王子今
	63	旅行史话	黄石林
	64	航海史话	王 杰　李宝民　王 莉
	65	交通工具史话	郑若葵
	66	中西交流史话	张国刚
	67	满汉文化交流史话	定宜庄
	68	汉藏文化交流史话	刘 忠
	69	蒙藏文化交流史话	丁守璞　杨恩洪
	70	中日文化交流史话	冯佐哲
	71	中国阿拉伯文化交流史话	宋 岘
思想学术系列（21种）	72	文明起源史话	杜金鹏　焦天龙
	73	汉字史话	郭小武
	74	天文学史话	冯 时
	75	地理学史话	杜 瑜
	76	儒家史话	孙开泰
	77	法家史话	孙开泰
	78	兵家史话	王晓卫

系列名	序号	书名	作者
思想学术系列（21种）	79	玄学史话	张齐明
	80	道教史话	王卡
	81	佛教史话	魏道儒
	82	中国基督教史话	王美秀
	83	民间信仰史话	侯杰
	84	训诂学史话	周信炎
	85	帛书史话	陈松长
	86	四书五经史话	黄鸿春
	87	史学史话	谢保成
	88	哲学史话	谷方
	89	方志史话	卫家雄
	90	考古学史话	朱乃诚
	91	物理学史话	王冰
	92	地图史话	朱玲玲
文学艺术系列（8种）	93	书法史话	朱守道
	94	绘画史话	李福顺
	95	诗歌史话	陶文鹏
	96	散文史话	郑永晓
	97	音韵史话	张惠英
	98	戏曲史话	王卫民
	99	小说史话	周中明　吴家荣
	100	杂技史话	崔乐泉

系列名	序号	书名	作者
社会风俗系列（13种）	101	宗族史话	冯尔康　阎爱民
	102	家庭史话	张国刚
	103	婚姻史话	张　涛　项永琴
	104	礼俗史话	王贵民
	105	节俗史话	韩养民　郭兴文
	106	饮食史话	王仁湘
	107	饮茶史话	王仁湘　杨焕新
	108	饮酒史话	袁立泽
	109	服饰史话	赵连赏
	110	体育史话	崔乐泉
	111	养生史话	罗时铭
	112	收藏史话	李雪梅
	113	丧葬史话	张捷夫
近代政治史系列（28种）	114	鸦片战争史话	朱谐汉
	115	太平天国史话	张远鹏
	116	洋务运动史话	丁贤俊
	117	甲午战争史话	寇　伟
	118	戊戌维新运动史话	刘悦斌
	119	义和团史话	卞修跃
	120	辛亥革命史话	张海鹏　邓红洲

系列名	序号	书名	作者	
近代政治史系列（28种）	121	五四运动史话	常丕军	
	122	北洋政府史话	潘 荣	魏又行
	123	国民政府史话	郑则民	
	124	十年内战史话	贾 维	
	125	中华苏维埃史话	温 锐	刘 强
	126	西安事变史话	李义彬	
	127	抗日战争史话	荣维木	
	128	陕甘宁边区政府史话	刘东社	刘全娥
	129	解放战争史话	汪朝光	
	130	革命根据地史话	马洪武	王明生
	131	中国人民解放军史话	荣维木	
	132	宪政史话	徐辉琪	傅建成
	133	工人运动史话	唐玉良	高爱娣
	134	农民运动史话	方之光	龚 云
	135	青年运动史话	郭贵儒	
	136	妇女运动史话	刘 红	刘光永
	137	土地改革史话	董志凯	陈廷煊
	138	买办史话	潘君祥	顾柏荣
	139	四大家族史话	江绍贞	
	140	汪伪政权史话	闻少华	
	141	伪满洲国史话	齐福霖	

系列名	序号	书名	作者
近代经济生活系列（17种）	142	人口史话	姜涛
	143	禁烟史话	王宏斌
	144	海关史话	陈霞飞　蔡渭洲
	145	铁路史话	龚云
	146	矿业史话	纪辛
	147	航运史话	张后铨
	148	邮政史话	修晓波
	149	金融史话	陈争平
	150	通货膨胀史话	郑起东
	151	外债史话	陈争平
	152	商会史话	虞和平
	153	农业改进史话	章楷
	154	民族工业发展史话	徐建生
	155	灾荒史话	刘仰东　夏明方
	156	流民史话	池子华
	157	秘密社会史话	刘才赋
	158	旗人史话	刘小萌
近代中外关系系列（13种）	159	西洋器物传入中国史话	隋元芬
	160	中外不平等条约史话	李育民
	161	开埠史话	杜语
	162	教案史话	夏春涛
	163	中英关系史话	孙庆
	164	中法关系史话	葛夫平

系列名	序号	书　名	作　者
近代中外关系系列（13种）	165	中德关系史话	杜继东
	166	中日关系史话	王建朗
	167	中美关系史话	陶文钊
	168	中俄关系史话	薛衔天
	169	中苏关系史话	黄纪莲
	170	华侨史话	陈　民　任贵祥
	171	华工史话	董丛林
近代精神文化系列（18种）	172	政治思想史话	朱志敏
	173	伦理道德史话	马　勇
	174	启蒙思潮史话	彭平一
	175	三民主义史话	贺　渊
	176	社会主义思潮史话	张　武　张艳国　喻承久
	177	无政府主义思潮史话	汤庭芬
	178	教育史话	朱从兵
	179	大学史话	金以林
	180	留学史话	刘志强　张学继
	181	法制史话	李　力
	182	报刊史话	李仲明
	183	出版史话	刘俐娜
	184	科学技术史话	姜　超

系列名	序号	书名	作者
近代精神文化系列（18种）	185	翻译史话	王晓丹
	186	美术史话	龚产兴
	187	音乐史话	梁茂春
	188	电影史话	孙立峰
	189	话剧史话	梁淑安
近代区域文化系列（二种）	190	北京史话	果鸿孝
	191	上海史话	马学强　宋钻友
	192	天津史话	罗澍伟
	193	广州史话	张　磊　张　苹
	194	武汉史话	皮明庥　郑自来
	195	重庆史话	隗瀛涛　沈松平
	196	新疆史话	王建民
	197	西藏史话	徐志民
	198	香港史话	刘蜀永
	199	澳门史话	邓开颂　陆晓敏　杨仁飞
	200	台湾史话	程朝云

《中国史话》主要编辑
出版发行人

总　策　划　谢寿光　　王　正

执行策划　杨　群　　徐思彦　　宋月华

　　　　　　　梁艳玲　　刘晖春　　张国春

统　　筹　黄　丹　　宋淑洁

设计总监　孙元明

市场推广　蔡继辉　　刘德顺　　李丽丽

责任印制　郭　妍　　岳　阳